职业教育财经类专业新课改精品教材系列丛书

会计沙盘实训教程

主　编　周　梅　李　琰　冯便玲
副主编　刘　林　李瑞玲

电子工业出版社
Publishing House of Electronics Industry
北京·BEIJING

内 容 简 介

本书专为高等职业院校中会计相关专业的 ERP 桌面沙盘系统实训课程量身定制，突出了在业财税一体化环境下，公司内会计岗位人员的核算与监督技能，尤其是年度财务报表的编制技能。本书包含循序渐进的八个实训项目以及丰富的附录资源，它完整地展现了任务驱动下的持续推进的技能训练流程，实现了教材与实训内容的无缝衔接与拓展创新。

对于教师而言，本书收集了实训相关的会计理论知识，以供学生课前、课中、课后查阅参考，提高了教师上课的时间效率。本书通过对沙盘实训规则的详细讲解，对企业示范年 4 个季度企业完整的生产经营过程的详细描述，以及年度财务报表中各项目编制过程的逐一解析，强化和巩固了教师的课堂教学成果。本书也为无纸化考试系统提供了一套试卷及答案系统，只需改动数据，便可以在伴学浏览器中生成若干套难度相当，但具体考试数据各不相同的试题及对应的答案，极大地减轻了教师期末考核的工作量。

对于学生而言，本书为"三全育人"提供了典型的教材范例。学生可以利用碎片时间预习、复习巩固会计相关理论，也可以根据教材对照自己的实训流程中的走盘和记录的各个具体步骤，以检验自己实训的正确性和合规性。本书为分组实训中每个小组成员都提供了更加便利的学习资源，提高了学生学习和研讨的便利性和积极性。本书中关于沙盘管理系统软件的操作介绍，为学生录入每个会计年度的实训数据提供了应用参考，尤其是本书附录中收集的一套复习题，以及配套的详尽解题思路和参考答案，为学生期末复习提供了直接帮助。

本书可作为职业院校会计相关专业的教材，也可作为相关从业人员的参考用书。

未经许可，不得以任何方式复制或抄袭本书之部分或全部内容。
版权所有，侵权必究。

图书在版编目（CIP）数据

会计沙盘实训教程 / 周梅，李琰，冯便玲主编.
北京 : 电子工业出版社，2025. 2. -- ISBN 978-7-121-49820-6
Ⅰ．F232；F272.7
中国国家版本馆 CIP 数据核字第 20254WY346 号

责任编辑：王志宇
印　　刷：涿州市京南印刷厂
装　　订：涿州市京南印刷厂
出版发行：电子工业出版社
　　　　　北京市海淀区万寿路 173 信箱　邮编 100036
开　　本：880×1 230　1/16　印张：10　字数：256 千字
版　　次：2025 年 2 月第 1 版
印　　次：2025 年 2 月第 1 次印刷
定　　价：35.00 元

凡所购买电子工业出版社图书有缺损问题，请向购买书店调换。若书店售缺，请与本社发行部联系，联系及邮购电话：（010）88254888，88258888。

质量投诉请发邮件至 zlts@phei.com.cn，盗版侵权举报请发邮件至 dbqq@phei.com.cn。

本书咨询联系方式：（010）88254523，wangzy@phei.com.cn。

前　言

国家《职业教育专业简介（2022年修订）》要求，实训要对接真实职业场景或工作情境，当前正处于数智化时代，要以数字经济为起点构建专业实践教学体系与数字企业的时代性和适应性。课程内容设置要瞄准岗位需求，对接职业标准和工作过程，吸收行业发展的新知识、新技术、新工艺、新方法。为此，本教材的设计是为会计专业实训类必修课或者限选课，以及沙盘技能大赛的培训提供参考，重在强化实训过程中小组之间的沟通、交易、相互帮助、合作共赢，弱化沙盘竞赛固有的对抗性和极易发生的公司破产的可能性。本教材的特点如下。

1. 理实一体，"岗课赛证"融通

"岗课赛证"融通育人是深化职业教育供给侧改革的重大举措，也是推进职业教育体制和治理能力现代化的创新工程，本教材按照理实一体课程的开发思路和工作手册的设计思想，加大了实践操作的比例，设计思路新颖，岗位对接课程，课程对接参加各种比赛，内容丰富充实，能让学生在学习过程中完成由知识到技能的转化。

2. 任务导向，注重过程考核

按照企业实际工作任务设计教材内容，在模拟经营的工作过程时，每个任务由指定的岗位完成，在完成后会出现相应的结果，通过过程考核，能够更加全面、及时地考查学生对知识点的掌握情况。

3. 图文并茂，内容形象直观

为了能够形象地表达每一步操作过程，根据企业经营手工操作的版本，将操作的过程用具体的图像展示出来，直观展现了财务与业务的逻辑关系与数据传递过程，显著改善了财经类学生的实训体验和对会计理论的深度理解和融会贯通的效果，便于学生快速理解记忆。

4. 教学资源丰富

本教材的配套资源包括：（1）教学指南、电子教案、电子课件；（2）操作过程微视频；（3）模拟试题、题库、习题答案等。

本教材系统介绍了以用友畅捷通ERP桌面沙盘系统为实训平台的会计沙盘实训系统教学的全过程，包括教师端实训管理软件各部分的使用方法和流程。教程将每个班级的学生最多分成8组，分别模拟8家初始状态相同的制造型公司，同时进行6个会计年度个性化的，包括采购、生产、销售在内的连续生产运营决策和动态数据迭代，最终形成各不相同的、可比较分析的最终经营业绩数据。本教材共分为三大部分，具体内容如下。

第一部分为理论规则部分（项目一和项目二），主要讲述的是产品生产规则、企业物流规则、企业财务规划规则。

第二部分为示范部分（项目三至项目七），主要讲述的是1个年度各个岗位如何协同、合作模拟经营的全过程。

第三部分为实践部分（项目八及附录A、B、C、D），主要讲述的是6个年度经营过程的整体规划及报表的填写。

本书由北京财贸职业学院周梅、李琰，呼和浩特职业学院冯便玲担任主编，刘林、李瑞玲担任副主编。具体分工如下：周梅老师负责教材的整体设计，以及项目一、项目七、项目八的撰写；李琰老师负责项目五和项目六的撰写；冯便玲老师负责项目二、项目三和项目四的撰写；刘林和李瑞玲两位老师负责实践部分的数据资源，包括附录中公司第二年度的实验数据准备、生产运营、结果验证等工作。

在教材编写过程中，借鉴和参阅了其他相关沙盘模拟课程的教材，参考了用友公司关于数智企业经营管理沙盘软件操作手册等资料，在此对相关文献的作者表示感谢。由于作者水平有限，疏漏及错误之处在所难免，望读者批评指正。

编　者

目　录

项目一　沙盘运营规则 ………………………………………………………… 1

　任务一　配置实训硬件 ……………………………………………………… 2

　任务二　认知财务规则 ……………………………………………………… 2

　　一、会计期间 …………………………………………………………… 3

　　二、现金 ………………………………………………………………… 3

　　三、长期贷款 …………………………………………………………… 3

　　四、短期贷款 …………………………………………………………… 4

　　五、应收款贴现 ………………………………………………………… 5

　　六、违约订单罚款 ……………………………………………………… 5

　　七、其他财务规则 ……………………………………………………… 6

　任务三　认知生产规则 ……………………………………………………… 6

　　一、土地和建筑——厂房 ……………………………………………… 6

　　二、机器与设备——生产线 …………………………………………… 7

　　三、原材料 ……………………………………………………………… 9

　　四、产成品 ……………………………………………………………… 9

　　五、在制品 ……………………………………………………………… 10

　任务四　认知物流规则 ……………………………………………………… 10

　　一、采购原材料 ………………………………………………………… 11

　　二、生产产品 …………………………………………………………… 11

　　三、销售产品 …………………………………………………………… 11

　　四、公司间交易 ………………………………………………………… 12

　任务五　认知公司初始场景 ………………………………………………… 13

　　一、公司背景 …………………………………………………………… 13

　　二、公司架构与角色分配 ……………………………………………… 13

　　三、公司初始财务状况 ………………………………………………… 13

　　四、公司外部环境 ……………………………………………………… 14

　　五、其他公司场景相关规则 …………………………………………… 16

项目二　软件操作规则 ………………………………………………………… 17

　任务一　订单管理 …………………………………………………………… 18

一、预测产品需求 ·· 19
二、生成年度产品销售订单 ·· 20
任务二　广告管理 ··· 22
任务三　市场竞单 ··· 23
任务四　财务报表 ··· 24
任务五　成果展示 ··· 26
任务六　分析点评 ··· 27
一、财务五力分析 ·· 27
二、成本结构分析 ·· 28
三、成本结构变化分析 ··· 28
四、杜邦分析法 ··· 30
五、订单总量分析 ·· 30

项目三　示范年第1季度公司运营 ·· 32

任务一　年初业务 ··· 32
一、年初摆盘 ·· 33
二、新年度规划会议 ·· 36
三、广告投放 ·· 37
四、参加订货会/订单登记 ·· 38
五、支付应付税 ··· 38
六、支付长贷利息 ·· 39
七、更新长期贷款 ·· 39
八、申请长期贷款 ·· 39

任务二　日常业务 ··· 40
一、季初现金盘点 ·· 40
二、更新短期贷款/短期贷款还本付息 ·· 41
三、申请短期贷款 ·· 41
四、更新应付款 ··· 41
五、原材料入库/更新原料订单 ·· 41
六、下原料订单 ··· 42
七、购买（租用）厂房 ··· 42
八、更新生产/完工入库 ·· 42
九、新建/在建/转产/变卖生产线 ··· 43
十、紧急采购/公司间交易 ·· 43
十一、开始下一批生产 ··· 43

十二、更新应收款/应收款收现/追加权益 …………………………… 44
十三、按订单交货 …………………………………………………… 44
十四、厂房出售（自动转租） ……………………………………… 44
十五、产品研发投资 ………………………………………………… 45
十六、支付管理费及其他 …………………………………………… 45
十七、出售库存/公司间交易 ……………………………………… 45
十八、应收款贴现 …………………………………………………… 46
十九、缴纳违约订单罚款 …………………………………………… 46
二十、季末收入合计 ………………………………………………… 46
二十一、季末支出合计 ……………………………………………… 47
二十二、季末现金对账 ……………………………………………… 47
项目小结 ……………………………………………………………… 47

项目四　示范年第 2 季度公司运营 …………………………………… 49

任务一　特色业务 ……………………………………………………… 49
一、季初现金盘点 …………………………………………………… 49
二、申请短期贷款 …………………………………………………… 49
三、原材料入库/更新原料订单 …………………………………… 50
四、开始下一批生产 ………………………………………………… 50
五、按订单交货 ……………………………………………………… 51
六、季末收入合计 …………………………………………………… 51
七、季末支出合计 …………………………………………………… 52
八、季末现金对账 …………………………………………………… 52

任务二　常规业务 ……………………………………………………… 52
一、更新短期贷款/短期贷款还款付息 …………………………… 52
二、更新应付款 ……………………………………………………… 53
三、下原料订单 ……………………………………………………… 53
四、购买（租用）厂房 ……………………………………………… 53
五、更新生产/完工入库 …………………………………………… 53
六、新建/在建/转产/变卖生产线 ………………………………… 54
七、紧急采购/公司间交易 ………………………………………… 54
八、更新应收款/应收款收现/追加权益 …………………………… 54
九、厂房出售（自动转租） ………………………………………… 54
十、产品研发投资 …………………………………………………… 55
十一、支付管理费及其他 …………………………………………… 55

| 十二、出售库存/公司间交易 ································ 55
| 十三、应收款贴现 ·· 55
| 十四、缴纳违约订单罚款 ·································· 55
| 项目小结 ·· 55

项目五　示范年第 3 季度公司运营 ······························ 57
  任务一　特色业务 ·· 57
    一、更新短期贷款/短期贷款还款付息 ·················· 57
    二、在建工程转入固定资产 ···························· 57
    三、开始下一批生产 ·································· 58
    四、更新应收款/应收款收现 ·························· 58
  任务二　常规业务 ·· 59
    一、季初现金盘点 ···································· 59
    二、申请短期贷款 ···································· 59
    三、更新应付款 ······································ 59
    四、原材料入库/更新原料订单 ························ 60
    五、下原料订单 ······································ 60
    六、购买（租用）厂房 ································ 60
    七、更新生产/完工入库 ······························ 60
    八、紧急采购/公司间交易 ···························· 61
    九、按订单交货 ······································ 61
    十、厂房出售（自动转租） ···························· 61
    十一、产品研发投资 ·································· 61
    十二、支付管理费及其他 ······························ 61
    十三、出售库存/公司间交易 ·························· 61
    十四、应收款贴现 ···································· 62
    十五、缴纳违约订单罚款 ······························ 62
    十六、季末收入合计 ·································· 62
    十七、季末支出合计 ·································· 62
    十八、季末现金对账 ·································· 62
  项目小结 ·· 63

项目六　示范年第 4 季度公司运营 ······························ 65
  任务一　特色业务 ·· 65
    一、新市场开拓 ······································ 65
    二、ISO 资格投资 ···································· 65

三、支付设备维修费 …………………………………………………… 66
四、计提折旧 …………………………………………………………… 67
五、年末现金余额（结账） …………………………………………… 67

任务二 常规业务 …………………………………………………………… 68
一、季初现金盘点 ……………………………………………………… 68
二、更新短期贷款/短期贷款还本付息 ……………………………… 68
三、申请短期贷款 ……………………………………………………… 68
四、更新应付款 ………………………………………………………… 69
五、原材料入库/更新原料订单 ……………………………………… 69
六、下原料订单 ………………………………………………………… 69
七、购买（租用）厂房 ………………………………………………… 69
八、更新生产/完工入库 ……………………………………………… 69
九、新建/在建/转产/变卖生产线 …………………………………… 70
十、开始下一批生产 …………………………………………………… 70
十一、紧急采购/公司间交易 ………………………………………… 71
十二、应收款收现 ……………………………………………………… 71
十三、按订单交货 ……………………………………………………… 71
十四、厂房出售（自动转租） ………………………………………… 71
十五、产品研发投资 …………………………………………………… 71
十六、支付管理费及其他 ……………………………………………… 72
十七、出售库存/公司间交易 ………………………………………… 72
十八、应收款贴现 ……………………………………………………… 72
十九、缴纳违约订单罚款 ……………………………………………… 72
二十、季末收入合计 …………………………………………………… 72
二十一、季末支出合计 ………………………………………………… 72
二十二、季末现金对账 ………………………………………………… 73

项目小结 ……………………………………………………………………… 73

项目七 示范年末财务报表编制 …………………………………………… 75

任务一 综合管理费用明细表的编制 ……………………………………… 75
一、管理费 ……………………………………………………………… 75
二、广告费 ……………………………………………………………… 76
三、维修费 ……………………………………………………………… 76
四、租金 ………………………………………………………………… 76
五、转产费 ……………………………………………………………… 76

六、市场准入开拓 ……………………………………………………………… 77
　　七、ISO 资格认证 ………………………………………………………………… 77
　　八、产品研发 ……………………………………………………………………… 77
任务二　利润表的编制 …………………………………………………………………… 78
　　一、销售收入 ……………………………………………………………………… 79
　　二、直接成本 ……………………………………………………………………… 79
　　三、毛利 …………………………………………………………………………… 79
　　四、综合费用 ……………………………………………………………………… 80
　　五、折旧前利润 …………………………………………………………………… 80
　　六、折旧 …………………………………………………………………………… 80
　　七、支付利息前利润 ……………………………………………………………… 80
　　八、财务收入/支出 ………………………………………………………………… 80
　　九、其他收入/支出 ………………………………………………………………… 81
　　十、税前利润 ……………………………………………………………………… 81
　　十一、所得税 ……………………………………………………………………… 81
　　十二、净利润 ……………………………………………………………………… 81
任务三　资产负债表的编制 ……………………………………………………………… 82
　　一、流动资产 ……………………………………………………………………… 83
　　二、固定资产 ……………………………………………………………………… 84
　　三、负债 …………………………………………………………………………… 86
　　四、所有者权益 …………………………………………………………………… 88
任务四　期末状态表的编制 ……………………………………………………………… 90
　　一、厂房 …………………………………………………………………………… 90
　　二、生产线 ………………………………………………………………………… 91
　　三、生产资格与 ISO 认证 ………………………………………………………… 91
　　四、市场 …………………………………………………………………………… 91
　　五、其他 …………………………………………………………………………… 91

项目八　第 1 年至第 6 年公司运营 ………………………………………………… 93

任务一　第 1 年公司运营 ………………………………………………………………… 93
　　一、实训用表 ……………………………………………………………………… 93
　　二、运营建议 ……………………………………………………………………… 96
任务二　第 2 年公司运营 ………………………………………………………………… 98
　　一、实训用表 ……………………………………………………………………… 98
　　二、运营建议 ……………………………………………………………………… 101

任务三　第3年公司运营 …………………………………………………… 103
　　　一、实训用表 ………………………………………………………… 103
　　　二、运营建议 ………………………………………………………… 105
　　任务四　第4年公司运营 …………………………………………………… 106
　　任务五　第5年公司运营 …………………………………………………… 109
　　任务六　第6年公司运营 …………………………………………………… 111
　　项目小结 ……………………………………………………………………… 114
附录A　复习题 …………………………………………………………………… 115
附录B　复习题解析与答案 ……………………………………………………… 126
附录C　物流推演表 ……………………………………………………………… 146
附录D　物流推演表答案 ………………………………………………………… 147

项目一

沙盘运营规则

本教材所讲授的会计沙盘主要是基于中国软件行业协会财务及公司管理软件分会推荐的、用友集团旗下的畅捷通信息技术股份有限公司开发的 ERP 桌面沙盘系统，也称作 ERP 电子沙盘手工版。针对财经类专业的高职学生，书中强化了公司各项经济业务的会计处理过程、数据采集和编制财务报表的技能训练和考核，弱化了市场营销等方面的教学与训练，所以通常又称为会计沙盘实训。

完整的会计沙盘实训系统包括实训硬件和管理软件两部分。项目一主要介绍硬件部分的沙盘运营规则，项目二主要介绍软件操作规则。

本课程采用集中示范、分组实践、合作竞争、绩效考核的教学模式。每个培训班级的全体学生，通常根据实训沙盘的实际数量，按照学生自愿的原则，进行分组。每个小组模拟一家公司。为了保证每组学生工作量的均衡，每个小组的学生人数应当相等或接近。

鉴于本沙盘配套软件中的参数的默认设置，为简单起见，建议每个班级的学生都分成 8 组，即模拟 8 家公司，同时进行采购、生产、销售等四季循环，6 年迭代的持续经营。这 8 家公司的初始场景和细节数据完全相同，但是通过不同小组成员个性化的生产经营和财务决策，再经过连续 6 年的自主经营和独立核算之后，公司业绩和财务指标会产生越来越大的差异。学员正是在差异比较和个性化经营过程中，直观而深刻地体验到个性化的财务决策对公司各项具体生产经营活动的作用和数据传递过程，使学生在市场营销、原料采购、生产更新、产品销售，以及与之相对应的财务决策等一系列经济业务运行中，逐步参悟科学的财务工作规律，全面提升以财务管理为主的公司综合管理能力。

通过会计沙盘实训，可以让学生更直观地、全方位地认知公司，包括公司的组织架构、部门划分与岗位职责，尤其是公司完整的经济业务流程与财会工作的衔接与对应，以及以财务指标为中心的公司业绩考核体系。通过公司连续 6 年的生产经营实训，培养学生基于会计信息管理的思维模式，了解现代公司的经营框架和经营理念，理解财务工作的基本框架，理解公司管理和财务核算之间的联系。利用财务与业务的关系，培养学生的部门沟通意识，树立共赢理念，增强学生的全局观念与团队合作精神，遵守会计职业道德和相关财经法规，同时学会剖析自身个性，以及寻找与之相适应的财务相关职业定位与职业发展规划。

任务一　配置实训硬件

本课程设有专门的实训室。沙盘实训室的室内面积约91平方米。实训室内共放置8张实训桌，每张实训桌配有6把实训椅，每次可以容纳48名学生同时实训。每张实训桌上摆放一套沙盘实训系统的硬件部分的全部用具。

为了获得更好的实训过程体验，以及考虑到沙盘软件参数的默认设置，最好不要减少组数。即每个班级最好都分成8组来模拟8个公司的经营。

每张实训桌上，都有一张纸质盘面及两袋沙盘用具。在会计沙盘实训中，每一张沙盘的盘面，都代表一家处于生产运营过程中的、独立进行会计核算的制造型公司。并且，公司运营所处的内外部环境被定义为一系列的沙盘运营规则。学生必须严格按照沙盘运营规则来操作沙盘的每一步走盘和做好相关记录，才能采集到所需的财务数据，从而正确编制出年末的公司主要财务报表。

学好这门课的前提，是精确地掌握好各项沙盘运营规则，严格按照规则走盘、记账和编制财务报表。学习规则是比较枯燥的，却是必需的，只有懂得规则才能游刃有余。同时，对于规则，学生也要具备以下两点认识。

（1）学生要认清是在经营模拟公司运营。沙盘规则与公司实际运营情况存在一定的差别。这种差别产生的原因，是为了在保证实训数据开放性的前提下，尽量减少实训结果数据的多重性，保证财务报表数据的唯一性。会计沙盘实训的设计者略去了一些不常见的业务场景，降低了实训的复杂程度，只采集最常见的业务场景中的财务数据。因此，学生不必在规则上较真，只需要按照规则实训即可。

（2）学生要正确对待自己的角色。在一个公司里，每个成员都会担当不同的角色，每个角色也都有其他角色所无法替代的作用，因此每个角色都是重要的，都值得重视和珍惜，都应该用心做好。在每家公司的每个会计年度中，除了CEO，其他的角色，学生都可以随时协商一致后更换。

任务二　认知财务规则

公司财务规则从现金开始，主要包括融资规则、贴现规则、付款规则、罚款规则等。其中最重要的是融资规则。公司常规融资渠道是银行借款，可以分为长期贷款和短期贷款。公司紧急融资渠道有应收款贴现、高利贷、出售库存等。

一、会计期间

在本实训中，最基本的会计核算期间不是月而是季度，用英文单词 quarter 的首字母"Q"表示，1Q 表示一个季度，共计 3 个月。本课程要求每个季度，按照"公司运营流程表"中所列的流程的先后顺序更新一轮盘面（俗称走盘）。对于每个流程，要遵循"先走盘，后记录"的规则操作。每个会计年度的年末编制一次财务报表。会计年度通常指 1 月 1 日—12 月 31 日，也可以用财年（Fiscal Year，FY）。每个财年的起始日期，可以由教师指定，如每年的 9 月 1 日—次年的 8 月 31 日。

二、现金

本实训中的现金包括库存现金、银行存款和其他货币资金。现金用实训币表示，简称币。一个币表示 1 000 000.00 元人民币，用英文单词 million 的首字母"M"表示，即 1M = 1 000 000.00 元。

三、长期贷款

1. 支付长贷利息

支付长贷利息属于公司的年初业务。长贷利息=长贷本金×年利率。在实训中，设定长期贷款的年利率不变，都是 10%。公司在每年的年初，以现金的形式支付全部已有长期贷款的本年利息。请注意，即使是今年到期的长期贷款，公司在今年年初也需要现金支付今年的利息。

2. 长期贷款还款

长期贷款每年更新一次。当公司的某一笔长期贷款在上一年末时，已经处于盘面的 FY1 位置，那么今年年初这笔长期贷款就必须要偿还。长期贷款的还款，只偿还本金，因为利息在"支付长贷利息"中已经支付过了。公司必须现金偿还到期的长期贷款的本金。

实训案例 1：公司在第 4 年年初，有一笔 20M 的长期贷款到期。

案例解析：如果公司现有的现金不够偿还到期长期贷款的本金，可以先运行"申请长期贷款"流程，先借入一笔新的长期贷款，如 20M。另外，通常情况下，系统也允许公司先申请一笔短期贷款，这样公司就有足够的现金来偿还到期的长期贷款本金。

走盘步骤：

（1）首先检查"支付长贷利息"流程，确认已经现金支付完这笔贷款的利息（2M）。如果没有支付利息，请补充更正利息支付金额及相关记录；

（2）从现金桶里拿出等价于该笔贷款本金的币，即 20M，拿出盘面外。

记录步骤：在公司运营流程表中的"更新长期贷款/还款"行和第 4 年第 1 季度列交叉的单元格内填写"-20"。

3. 申请长期贷款

如果年初缺乏足够的现金，公司可以申请长期贷款。但是长期贷款的申请是有条件的。这个条件就是：公司已有的全部长期借款+公司已有的全部短期借款+公司即将申请的长期贷款≤公司上一年年末所有者权益合计的2倍。表1-1为融资规则。

表1-1 融资规则

贷款类型	贷款时间	贷款额度	年利率	还款方式
长期贷款	每年初	上年末所有者权益合计的2倍	10%	每年年初付息，到期一次还本
短期贷款	每季度	上年末所有者权益合计的2倍	5%	到期一次还本付息
高利贷	每季度	与指导教师商量	20%	到期一次还本付息
资金贴现	随时	应收款总额	10%（1Q，2Q）12.5%（3Q，4Q）	变现时贴息

实训案例2：公司在第5年年初，计划申请长期贷款。公司已有长期贷款40M，没有短期贷款。公司第4年年末的所有者权益合计为73M。请问：本公司最多可以申请多少长期贷款？

案例解析：本公司最多可以申请的长期贷款=73×2-40=86M。假设公司决定申请5年期长期贷款40M。

走盘步骤：

（1）从盘面外拿进40个币，分别装在两个桶中，竖着放在盘面左下方"长期贷款"区域的"FY5"位置；

（2）从盘面外拿进40个币，分别装在两个桶中，放在盘面上的"现金"位置。

记录步骤：在公司运营流程表中的"申请长期贷款"行和第5年第1季度列交叉的单元格内填写"40"。

四、短期贷款

在本实训中，短期贷款是指贷款期限在1年以内（包含1年）的银行借款。短期借款中不包含1年内到期的长期贷款，因为二者还本付息的方式不同。短期贷款在到期时，一次偿还本金和利息。对于正好一年的贷款，公司既可以选择1年期的长期贷款，也可以选择4个季度的短期贷款。建议学生选择短期贷款，因为利息较少。

短期贷款的贷款期限有4种情况，分别是1个季度（1Q）、2个季度（2Q）、3个季度（3Q）和4个季度（4Q）。短期贷款的年利率是5%，在实训中假定该利率不变。如果公司在第3年的第1季度申请了3Q的短期贷款20M，那么公司必须在第3年的第4季度现金偿还21M。其中20M是本金，1M是利息。因为利息=20M×5%×3/4=0.75M，向上取整为1M。

实训案例3：公司在第2年第1季度对到期的20M短期贷款进行还本付息。

案例解析：该笔短期贷款须支付的利息=20M×5%=1M。

走盘步骤：从盘面上的现金桶里拿出 21 个币，将其中的 20 个币拿出盘面外，将剩下的 1 个币放在盘面上的"利息"位置。

记录步骤：在公司运营流程表中的"更新短期贷款/短期贷款还本付息"行和第 2 年"1 季"列交叉的单元格内填写"-21"。

五、应收款贴现

应收款贴现是指应收款在到期日之前提前变成现金的经济业务。应收款贴现后得到的现金少于应收款的金额。减少的这部分金额就是支付给银行的贴现利息。公司急需现金且存在应收款时，在每一个季度都要进行应收款贴现。应收款显示在盘面的右下方，不同期数的应收款必须分别贴现。

实训案例 4：公司在第 2 年年初进行应收款贴现。公司当前有一笔二账期的应收款 15M，记为"2Q-15M"。2Q 的应收款的年贴现利率是 10%。请问，公司能贴现到多少现金？贴息多少？

案例解析：先计算贴现利息。贴现利息=15M×10%×2/4=0.75M，向上取整为 1M。再计算能贴到的现金=15M-1M=14M。

走盘步骤：从盘面的应收款区域的"二期"位置，拿出 15 个币，将其中的 14 个币放在现金位置，另外 1 个币放在盘面上的"贴息"位置。

记录步骤：在公司运营流程表中的"应收款贴现/追加权益"行和第 2 年"1 季"列交叉的单元格内填写"14"。

六、违约订单罚款

公司每年年初，通过投放广告和竞单，可以获得多个产品销售订单。这些产品销售订单的有效期截止到本年末。公司可以在本年度范围内的任何一个季度交付订单。一个产品销售订单必须一次整体交付，不允许拆成多次交付。

公司通常在第 4 季度末检查是否存在未交付的本年度订单。如果存在未交付的订单，则该订单违约，公司必须以现金形式缴纳违约订单罚款。

实训案例 5：公司在第 5 年年末发现本年年初拍下的所有订单中，有 2 个订单由于库存不足无法交付，需要缴纳违约订单罚款。订单 1：交付 2 个 P3 产品，销售总额为 24M。订单 2：交付 3 个 P4 产品，销售总额为 43M。

案例解析：计算罚款金额。

罚款总额=订单 1 的罚款+订单 2 的罚款
=24M×20%+43M×20%=4.8M+8.6M=13.4M，向下取整为 13M。

走盘步骤：从现金桶里拿出 13 个币，放入盘面上的"其他支出"位置。

记录步骤：在公司运营流程表中的"缴纳违约订单罚款"行和第 5 年"4 季"列交叉的单元格内填写"-13"。

七、其他财务规则

1. 高利贷

高利贷在实训中不太常用。公司只有在无法申请到长期贷款、短期贷款，又没有应收款可以贴现，并且急需现金周转，否则公司会倒闭的情况下，才会迫不得已地申请高利贷。

在与任课教师协商一致的前提下，公司可以在任何一个季度申请高利贷。高利贷的年利率高达20%。高利贷到期一次还本付息。公司申请成功的高利贷，放置在盘面下方中间"其他贷款"区域中。高利贷业务的走盘步骤和记录步骤与短期贷款类似。

2. 应付款

由于沙盘实训系统的版本不同，对于应付款部分的要求也不尽相同。在当前的大多数版本中，都要求现金支付各种款项，且都不存在应付款，因此也不再有更新应付款业务流程。

如果允许存在应付款，如采购原材料时允许赊购，则形成应付账款。应付账款可以借用盘面下方的"其他贷款"区域表示。更新应付款的走盘和记录规则，与更新应收款规则类似。

3. 财务收入/支出

财务收入一般没有。在某些特殊情况下，经任课教师同意后，才可能产生财务收入。财务支出通常是指利息+贴息。利息包括长期贷款利息和短期贷款利息。所以，财务支出=贴息+长贷利息+短贷利息。在本实训的利润表中，财务收入/支出默认的符号是"-"，即财务支出。

4. 其他收入/支出

其他收入通常没有。产生其他支出的最典型的业务是缴纳违约订单罚款。有的任课教师允许帮助其他小组完成实训，接受帮助的小组可以支付一定量的现金给提供帮助的小组作为报答，这笔现金就是其他收入/支出。

任务三　认知生产规则

公司与生产相关的规则具体包括厂房、生产线、原材料、产成品和在制品等方面的规则。

一、土地和建筑——厂房

在实训中，为了简化财务核算过程，土地暂时被忽略，不参与核算。参与财务核算与管理的"土地和建筑"就只有厂房。本实训中提供的厂房资源包括一个大厂房和一个小厂房，如表1-2所示。

表 1-2　厂房

厂　　房	买价/M	租金/（M/年）	售价/M	生产线容量/条
大厂房	40	5	40	6
小厂房	30	3	30	4

大厂房的入账价值为 40M，年租金为 5M，可以容纳 6 条生产线。如果大厂房被出售，公司可以得到 4Q 的应收款 40M。如果公司急需现金，该应收款可以贴现。

如果已经出售的厂房中还有生产线，实训系统判断为自动转租业务，公司必须从现金中扣除该厂房的租金。厂房的租金按年支付，公司可以在四个季度中的任何一个季度租入厂房，同时现金支付该厂房的租金。

公司在实训的初始状态时，只拥有大厂房，没有小厂房。公司如果需要使用小厂房，可以购买，也可以经营租入。公司每个季度均可租入或购买厂房。厂房不提折旧。生产线不允许在不同厂房间移动。

1. 购买小厂房

实训案例 1：购买小厂房。

走盘步骤：从盘面下方的现金桶里拿出 30 个币，从盘面外拿入两个空桶，将 30 个币装入这两个桶中（为了便于观察和统计，建议一个桶装 20 个币，另一个桶装 10 个币）。

记录步骤：在公司运营流程表中的"购买（租用）厂房"行与当前季度列交叉的单元格内填写"-30"。

2. 租入小厂房

实训案例 2：经营租入小厂房。

走盘步骤：从盘面下方的现金桶里拿出 3 个币，放到盘面上的"管理费用"区域的"租金"位置。

记录步骤：在公司运营流程表中的"购买（租用）厂房"行与当前季度列交叉的单元格内填写"-3"。

3. 出售并转租大厂房

实训案例 3：出售大厂房，同时经营租入大厂房。

走盘步骤：

（1）将大厂房上方的 40 个币，移动到盘面右下方"应收账款"区域的"三期"位置；

（2）从现金桶里拿出 5 个币，放到盘面上的"管理费用"区域的"租金"位置。

记录步骤：在公司运营流程表中的"厂房出售（自动转租）"行与当前季度列交叉的单元格内填写"-5"。

二、机器与设备——生产线

当前的实训版本中提供的生产线的类型，已经取消了"超手工"类型生产线，常用的有

4 种，如表 1-3 所示。

表 1-3 4 种类型的生产线

生产线类型	总购置费/M	安装周期	生产周期	总转产费/M	转产周期	维修费/(M/年)	残值/M
手工线	5	—	3Q	0	—	1	1
半自动	10	2Q	2Q	0	1Q	1	2
全自动	15	3Q	1Q	0	4Q	1	3
柔性线	20	4Q	1Q	0	—	1	4

生产设备的维修费（也叫维护费、保养费等）按年支付，每条生产线每年的第 4 季度需支付 1 个币的现金。当年建成的生产线、转产生产线均需缴纳维修费。

1．购置生产线

在公司购置生产线时，必须按照安装周期平均支付购置费。以全自动线为例，每条全自动生产线的总购置费用是 15 个币。假如公司在本年的第 1 季度开始安装，则该全自动线需要安装 3 个季度，那么公司在本年度的第 1 季度、第 2 季度、第 3 季度，都需要支付现金 5 个币。在本年度的第 4 季度，该生产线才可以投入使用。在财务上，这条全自动生产线在本年度的前 3 个季度属于在建工程，在第 4 个季度初转为固定资产。

2．出售生产线

公司无论何时出售生产线，都能得到该生产线残值相等的现金收入，将出售时的净值与残值之差计入利润表中的其他支出。

实训案例 4：出售一条净值为 3M 的手工线。

走盘步骤：

（1）从该手工线下方的"净值"位置，拿出 1 个币，放入现金桶中；

（2）从该手工线下方的"净值"位置，拿出剩下的 2 个币，放在盘面上的"其他收支"位置。

记录步骤：在公司运营流程表中的"新建/在建/转产/变卖生产线"行与当前季度列交叉的单元格内填写"1"。

3．转产生产线

转产生产线在转产时只改变同一条生产线上所生产的产品名称。只有已建成并处于空闲状态中的生产线才可转产。

实训案例 5：某条全自动生产线，生产的 P1 产品完工入库后，目前该全自动线没有在制品，则称该全自动线处于空闲状态，可以转产。现在公司想要这条全自动线不再生产 P1 产品，转为生产 P3 产品。

案例解析：本实训案例只有走盘，可以不在公司运营流程表中记录。

走盘步骤：

（1）拿走该全自动线下方"标识"位置的 P1 产品标识；

（2）从盘面外拿入一个 P3 产品标识，白面向上，反扣在这条全自动线下方的"标识"位置。

（3）从表 1-3 可知，全自动线的转产周期为 4Q（4 个季度，也就是一整年）。保持这种状态直到 4 个季度之后的那个季度初，这条全自动线才可以开始生产 P3 产品。

4．计提折旧

本实训中所有生产线的折旧，均采用平均年限法，如表 1-4 所示。当年建成的生产线当年不提折旧；当净值等于残值时的生产线不再计提折旧，但可以继续使用。

表 1-4　生产线计提折旧

单位：M

生产线	总购置费	残值	建成当年	建成第 2 年	建成第 3 年	建成第 4 年	建成第 5 年
手工线	5	1	0	1	1	1	1
半自动	10	2	0	2	2	2	2
全自动	15	3	0	3	3	3	3
柔性线	20	4	0	4	4	4	4

三、原材料

本实训中所使用的原材料（简称原料）共有 4 种，分别用 R1、R2、R3 和 R4 表示，颜色各不相同。各种原材料采购单价相同，都是 1M/个，但各种原材料的采购提前期不同，如表 1-5 所示。

表 1-5　4 种原材料

名　　称	颜　色	采购单价/（M/个）	采购提前期/季
R1	红	1	1
R2	黄	1	1
R3	蓝	1	2
R4	绿	1	2

四、产成品

本实训中的产成品（简称产品、成品）共有 4 种，分别用 P1、P2、P3 和 P4 表示，如表 1-6 所示。其中，P1 产品是在公司初始场景中已经获得生产资格，并且已经开始生产和销售的现有产品。P2、P3 和 P4 属于新产品，公司初始场景中不具备 P2、P3 和 P4 的生产资格。公司只有在开发完某个新产品后，才拥有该产品的生产资格，才能够生产和销售该产品。

表 1-6　产成品

名　　称	开发费用/（M/季）	开发周期/季	加工费/（M/个）	直接成本/（M/个）	物料清单
P1	已开发	已开发	1	2	R1
P2	1	4	1	3	R1+R2

续表

名　称	开发费用/（M/季）	开发周期/季	加工费/（M/个）	直接成本/（M/个）	物料清单
P3	1	6	1	4	2R2+R3
P4	1	6	1	5	R2+R3+2R4

产成品的直接成本=直接材料成本+直接人工成本。这里的制造费用忽略不计。例如，一个产成品P4的直接成本=直接材料成本+直接人工成本。直接材料成本=1个R2原料成本+1个R3原料成本+2个R4原料成本=1M+1M+2M=4M。直接人工成本=1个币的加工费=1M。因此1个P4产成品的直接成本=4M+1M=5M。

需要注意的是，产成品的直接成本和利润表中的直接成本含义不同。利润表中的直接成本是指与当年的销售收入相配比的库存商品的结转成本，即当年已售出的全部产品的直接成本总额。当年售出的全部产品=当年售出的公司自产的产品+当年售出的公司外购的产品。只有公司自产的产品，才可以用上表中的直接成本数据计算。公司如果自产的产品数量小于销售的产品数量，就存在外购产品，以补足销售订单中的缺口数量。公司也可以选择违约，缴纳违约订单罚款后，该订单作废。

公司外购产品的直接成本=实际支付的买价。

公司缴纳的违约订单罚款金额=订单总销售额×20%（结果向下取整）。

实训案例6：公司第2年年末，某P2销售订单的总销售额为39M。截至年末，公司未能生产足够数量的P2产品，导致该订单无法交付，公司决定缴纳订单违约罚款，作废该订单。

案例解析：公司须缴纳的违约罚款金额=39M×20%=7.8M 向下取整=7M。

走盘步骤：从盘面的现金桶里拿出7个币，放在盘面上的"其他收支"位置。

记录步骤：在第2年的公司运营流程表中的"缴纳违约订单罚款"行和"4季"列交叉的单元格内填写"−7"。

五、在制品

本实训将处于生产制造过程中的产品称为在制品，或称为在产品。从盘面中央"生产中心"区域内可以清楚地看到，所有正处在生产线上的产品都是在制品。本实训中的在制品与其对应的产成品表示方法相同，产品结构也相同。

在本实训中，在制品和产成品只是在盘面上所处的位置不同：放在生产线上的是在制品，放在成品库中的是产成品。在年末的资产负债表中，在制品的单位价值=产成品的单位价值。

任务四　认知物流规则

公司物流规则主要是指从原材料下单，到产品销售出库整个过程中的一系列业务处理规则。

一、采购原材料

公司年初根据产品销售订单、产品和原材料的现有库存，来合理确定本年中4个季度的原材料采购品种和数量。本实训中4种原材料的采购单价均为1M，并且各种原材料的采购单价不随时间变化而变化。另外，假定原料库和成品库空间足够大，始终能够容纳所有入库的原材料和成品。

公司在下达原料订单时无须付款。等到公司订购的原材料如期到达，验收入库时，用现金支付材料款。原材料的采购，以满足当季生产需要为主，也可以略有结余。

如果原材料采购不及时，公司的生产线在"开始下一批生产"业务流程运行时，将不得不中断，此时生产线处于停工待料状态。停工待料状态也是空闲状态的一种表现。生产线的停工待料状态会降低生产线的使用效率，从而减缓公司产品的生产进度，延迟产品交付客户的时间。因此，在实训中应当尽量避免生产线停工待料。

实训案例1：公司运营的第3年第3季度，采购5个R4原材料。

走盘步骤：

（1）第3年第3季度，从盘面外拿入5个绿色的R4原材料，放在盘面上的"原料订单"区域的"R4"位置；

（2）第3年第4季度，将这5个R4原材料移动到"在途"位置；

（3）第4年第1季度，将这5个R4原材料移动到"原料库"中的"R4"位置。

记录步骤：

（1）第3年第3季度，在公司运营流程表中的"下原料订单"行与当前季度列交叉的单元格内填写"5R4"；

（2）第3年第4季度，在公司运营流程表中不做记录；

（3）第4年第1季度，在公司运营流程表的"原材料入库/更新原料订单"行和第4年第1季度列交叉的单元格内填写"-5"。如果这个季度还同时存在其他入库的原材料，则在单元格内填写合计金额。

二、生产产品

不同类型的生产线，生产产品的效率不同，其中手工线最慢。无论手工线生产哪种产品，从投产开始，都需要经过3个季度的生产过程才能完工入库。相比之下，全自动线和柔性线无论生产哪种产品，都只需要1个季度便可完工入库。在实训中，设定每个产品的加工费都是投产时一次投入的。在这种情况下，制品的期末价值才等于其产成品的期末价值。

三、销售产品

在实训中，公司每年年初投放广告，有8家公司同台竞争销售订单。每家公司把自己抢到的销售订单，全部填入当年的销售订单登记表中。应注意的是，登记的销售订单也包括公司间交易的销售方所出售的产品相关信息。

每家公司每年年初竞得的销售订单,在本年度的任何一个季度内均可以交付。每个销售订单必须整体一次交付,不允许拆分成多次交付。

四、公司间交易

同一班级的学生,组成8家公司,这8家公司之间可以进行交易,这种交易称作公司间交易,或组间交易。公司间交易主要有两种形式:紧急采购和出售库存。就同一桩公司间交易而言,购买方发生的是紧急采购业务,而销售方发生的是出售库存业务。在不同版本的实训系统中,紧急采购和出售库存的含义可能有差异。

1. 紧急采购

紧急采购是指某家公司自产的产品数量不够,当无法交付销售订单时,向其他7家公司中的1家或多家紧急采购产品的经济行为。由于销售订单的有效期截止到本年末,因此紧急采购业务通常发生在年底。

实训案例2:U3公司在第2年第4季度末,发现还有一个订单未交付。该订单销售总额为24M,需要交付客户3个P2产品。此时U3公司的成品库中只有2个P2产品,不够交付该订单。

案例解析:该业务场景下,对此产品销售订单,U3公司可以选择以下两种方案之一。

方案一:该订单违约,则U3公司需支付违约订单罚款=24M×20%=4.8M,向下取整为4M。U3公司用现金缴纳罚款后,该订单整体作废,也不用将成品库中现有的2个P2产品交付。

方案二:U3公司向其他公司购买所缺的1个P2产品,补足货源,履行交付义务。此时U8公司提出,愿意以9M的价格出售给U3公司1个P2产品。这种情况下,U3公司交付此订单的销售毛利=24M-2×3M-9M=9M。

U3公司选择了方案二,即向U8公司紧急采购1个P2产品,并现金支付9M。

U3公司的走盘步骤:

(1)从自家盘面的现金桶中拿出9个币,交给U8公司;

(2)从U8公司拿来1个P2产品,再从自家的成品库中拿出2个P2产品,整齐地码放在盘面上的"客户"区域中。

U3公司的记录步骤:在公司运营流程表的"紧急采购/公司间交易"行与第2年"4季"列交叉的单元格内填写"-9",然后在单元格右边标注上"(1P2)"。

2. 出售库存

在上面的实训案例中,U8公司的走盘步骤:

(1)将从U3公司得到的9个币,放入U8公司的现金桶中;

(2)从U8公司的成品库中拿出1个P2产品,交给U3公司。

U8公司的记录步骤:

(1)在订单登记表上记录此交易信息,订单号可以不写,如表1-7所示;

表 1-7　出售库存方补充登记的产品销售订单

订 单 号	
市场	U3
产品	P2
数量	1
账期	0
总额	9
未售	—

（2）在公司运营流程表中的"出售库存/公司间交易"行和第 2 年"4 季"列交叉的单元格内填写"9"，然后在单元格右边标注上"（1P2）"。

任务五　认知公司初始场景

一、公司背景

本公司长期以来一直专注于某行业 P 产品的生产和营销。目前生产的 P1 产品在本地市场知名度很高，客户也很满意，公司拥有自己的厂房，生产设施齐备、状态良好。

最近，一家权威机构对该行业的发展前景进行了预测，认为 P 产品将会发展为一个高技术产品。为此，公司董事会及全体股东决定将公司交给一批优秀的、年轻的管理层去发展，公司董事会希望新的管理层做到如下几点：

（1）投资新产品的开发，使公司的市场地位得到进一步提升。
（2）开发本地市场以外的其他新市场，进一步拓展市场领域。
（3）扩大生产规模，采用现代化生产手段，努力提高生产效率。
（4）研究在信息时代如何借助先进的管理工具提高公司的管理水平。

二、公司架构与角色分配

在本实训中，每家公司提供了 5 种角色（5 个部门），分工如下：总经理/CEO、财务总监、营销总监、采购总监、生产总监等。在同一家公司内部，学生可以自愿选择各自的角色，若双方同意，也可以交换角色。

但是，每年轮值的 CEO 必须完整地组织好本年的全部生产经营等实训活动。如果 CEO 在年度中间换人，则由最后接手 CEO 职责的学生负责。

三、公司初始财务状况

公司初始财务状况数据可以从示范年或者第一年的财务报表中的期初数或上年数获得。

本公司在实训开始时的状况如下。

（1）现金 20M。应收账款 3Q-15M。公司现有两笔长期贷款：FY5-20M，FY4-20M。

（2）公司已拥有大厂房。大厂房里现有 4 条生产线：3 条手工生产线，1 条半自动生产线，全部在产 P1 产品。3 条手工线上的在产品 P1 分别处于 1Q、2Q、3Q 阶段，半自动线上的在产品 P1 处于 1Q 阶段。3 条手工生产线的净值均为 3M，半自动生产线的净值为 4M。

（3）原料库中已经有 3 个 R1 原料，还有 2 个 R1 订单。成品库中已有 3 个 P1 产品。

（4）公司已获得 P1 产品的生产资格，并且已进入"本地"市场销售。

四、公司外部环境

1. 产品预测

P1 产品由于技术水平低，虽然近几年需求较旺，但是未来 P1 产品的需求量将会逐渐下降。P2 产品是 P1 的技术改进版，虽然技术优势会带来一定增长，但是随着新技术出现，P2 产品的需求最终会下降。P3、P4 为全新技术产品，发展潜力很大，如图 1-1 所示。

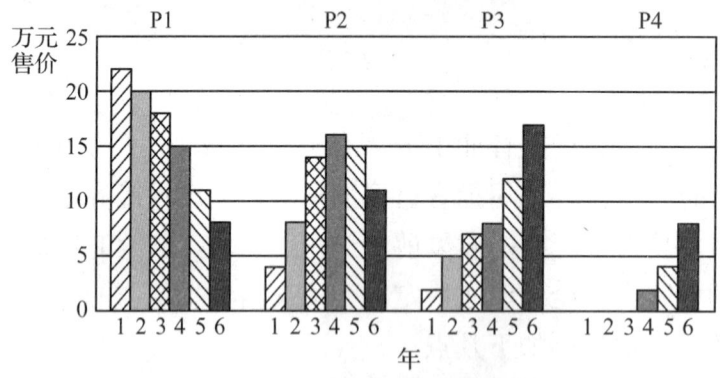

图 1-1　公司初始场景下的市场预测

2. ISO 资格认证

通常情况下，从公司运营的第三年起，会开始出现越来越多的产品销售订单，并要求接单的公司已经取得了 ISO 资格认证。本实训中 ISO 资格认证共有两种：ISO9000 认证和 ISO14000 认证，如图 1-2 所示。请注意，ISO9000 认证的标识正面中间是"CAS"，没有"ISO9000"字样。

（1）ISO9000 认证　　　　（2）ISO14000 认证

图 1-2　ISO 资格认证

在本实训中，ISO9000 认证和 ISO14000 认证相互独立，公司可以同时投资这两种认证，也可以选择其中一种进行投资。这两种认证的投资都在年末，并用现金支付 1M 的投资款。投资款按年平均支付，不允许加速投资，如表 1-8 所示。在完成投资后的下一年初，方可获得相应的 ISO 资格证。公司如果现金不足，可以中断并顺延这两种 ISO 资格认证的投资。

表 1-8　两种 ISO 资格认证

认　　证	ISO9000	ISO14000
时间/年	2	3
费用/（M/年）	1	1

实训案例 1：公司在第 1 年年末同时投资 ISO9000 和 ISO14000 资格认证。

走盘步骤：

（1）从盘面外分别拿入 1 个 ISO9000 资格标识和一个 1 个 ISO14000 资格标识，白面向上，分别反扣在盘面上方"产品研发"区域的"ISO9000 资格"位置和"ISO9000 资格"位置；

（2）从现金桶里拿出 2 个币，分别放在刚才反扣着的"ISO9000 资格"标识和"ISO9000 资格"标识。

记录步骤：在公司运营流程表中的"ISO 资格投资"行和第 1 年"4 季"列交叉的单元格内填写"-2"，然后在单元格的右边标注上"ISO9000，ISO14000"。

3. 市场开拓

本实训一共可以提供 5 个市场，分别是本地市场、区域市场、国内市场、亚洲市场和国际市场。这 5 个市场之间相互独立，不存在包含关系。公司目前只拥有本地市场的准入资格，其他 4 个市场均称为新市场，公司目前都不能进入，如表 1-9 所示。

表 1-9　新市场开发

市 场 名 称	开发费用/（M/年）	开发总年数/年
本地	已开发	已开发
区域	1	1
国内	1	2
亚洲	1	3
国际	1	4

只有当公司开发完成某个新市场后，公司才能进入该市场、投放广告、参加订单。各市场的开发费用均在每年的第 4 季度支付。市场开发费用按年平均支付，不允许加速投资。如果公司缺乏现金，可以中断和顺延市场开发。市场开发费用全部支付完毕的下一年初，公司方可获得该市场的准入资格。

实训案例 2：公司在第 1 年年末，决定同时开发区域市场和国际市场。

走盘步骤：

（1）从盘面外拿来一个"区域"市场的标识，将其白面向上，反扣在盘面右上角"市场开发"区域的"区域"位置；

（2）从盘面外拿来一个"国际"市场的标识，将其白面向上，反扣在盘面右上角"市场开发"区域的"国际"位置；

（3）从现金桶中拿出 2 个币，在刚才的"区域"标识和"国际"标识位置各放 1 个币。

记录步骤：在第 1 年的公司运营流程表中的"新市场开拓"行和"4 季"列交叉的单元格内填写"-2"。

五、其他公司场景相关规则

（1）每家公司的管理费为每季度 1M；每年初公司的产品订单在本年末之前必须全部交付，本年末仍未交付的订单作废，并按作废订单总销售额的 20%（向下取整）支付订单违约罚款，罚款额计入其他支出。

（2）公司税前利润为负的会计年度，不缴纳公司所得税。公司税前利润为正的会计年度，不弥补以前年度亏损，直接按本年税前利润的 25%（向下取整）计算公司所得税。暂不考虑其他税种。

（3）所有实训表格中所填写的金额必须取整。取整时，所有利息均向上取整，其余金额，如罚款、税款等均向下取整。

（4）每家公司的初始状态完全相同，实训起点相同，独立生产经营和财务核算，连续 6 年公平竞争。

（5）除了任课教师允许，每家公司运营必须严格按照公司运营流程表中的顺序严格操作每个业务流程。

（6）每位 CEO 必须负责当年的盘面、所有实训表格的正确性和及时性。

（7）当每年实训结束时，每个小组必须多角度拍照保存盘面，并提交填写正确的年末综合费用明细表、利润表和资产负债表。

（8）本实训中未涉及的规则，学生可与任课教师协商一致后确定。

项目二 软件操作规则

与会计沙盘实训相配套的管理软件通常安装在每个实训室中的教师用计算机上,平时由教师操作软件。只有在经过教师授权的情况下,学生才可以操作本软件。沙盘管理软件安装后的桌面快捷图标如图2-1所示。沙盘管理软件打开后的主界面如图2-2所示。

图 2-1　沙盘管理软件桌面快捷图标

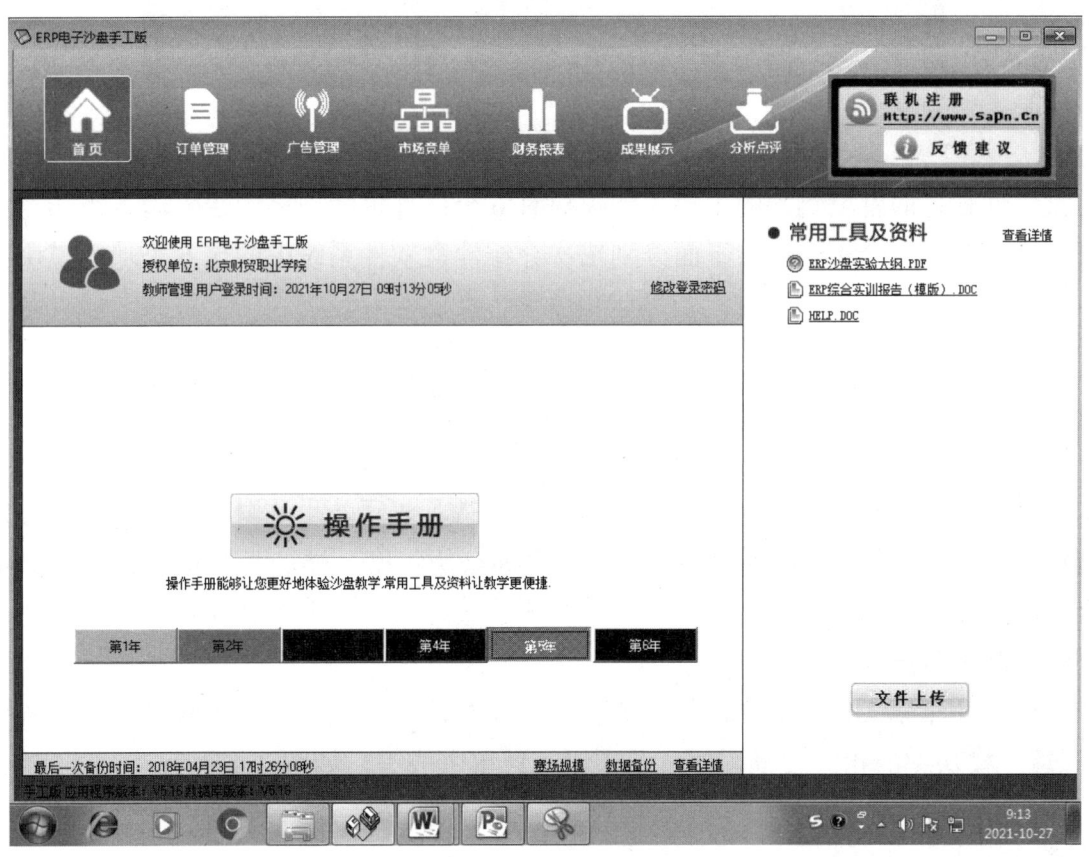

图 2-2　沙盘管理软件的主界面

由沙盘管理软件的主界面可知,实训可以进行连续 6 年的模拟生产经营、独立会计核算、编制财务报表,以及公司经营成果的展示、点评和分析。

每个班级的学生,最多可以分成 8 个实训小组,每个实训小组分别代表一家已经生产经营若干年的制造型公司,分别用 U1、U2、……、U8 表示。每个小组的编号与实训桌上的编号保持一致。软件的功能设置是基于 8 家公司来设计的。因此,每个班级分成 8 组,可以使学生获得最好的实训过程体验效果。

教师在每次实训结束时,必须在首页中单击窗口上的"数据备份"按钮,打开如图 2-3 所示的数据备份窗口,进行数据备份。在数据备份窗口中的"描述"右侧输入文件名,单击"更改路径",可以修改文件保存的"位置"。该备份文件中包含了当前的实训班级提交给教师端的所有实训数据。

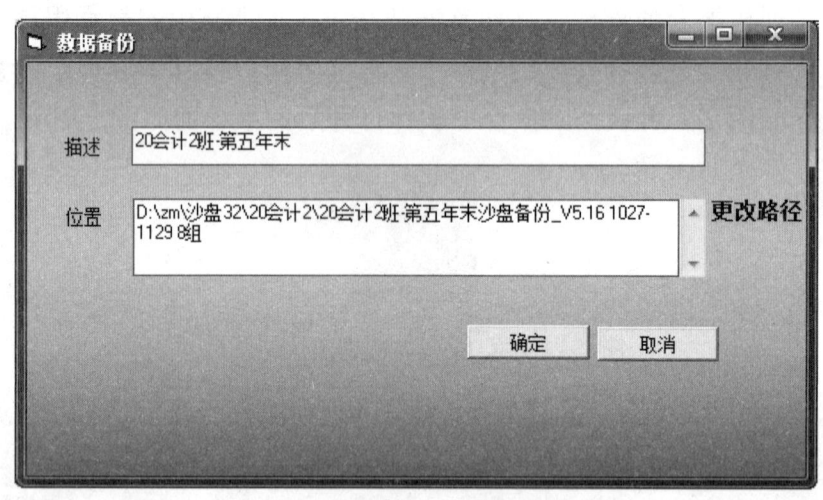

图 2-3　数据备份窗口

沙盘管理软件的首页包含的主要功能模块有 6 个:订单管理、广告管理、市场竞单、财务报表、成果展示、分析评价。下面分别依次介绍沙盘软件系统中的这 6 个功能模块。

本教材中所讲的年度是指会计年度,可以用"FY"表示,也称财年。会计年度是每家公司编制年度财务报表的一个完整周期。会计年度和公历年度一样,每年都是 12 个月,不同的是,会计年度可以不从 1 月开始,如美国某些州的某些公司,每个会计年度从每年的 9 月开始,到次年的 8 月结束。

在每个会计年度(以下简称每年)的实训开始时,必须在教师端的沙盘软件系统中完成"订单管理"模块中的相关设置,如市场预测、订单生成等,如图 2-4 所示。

项目二 软件操作规则

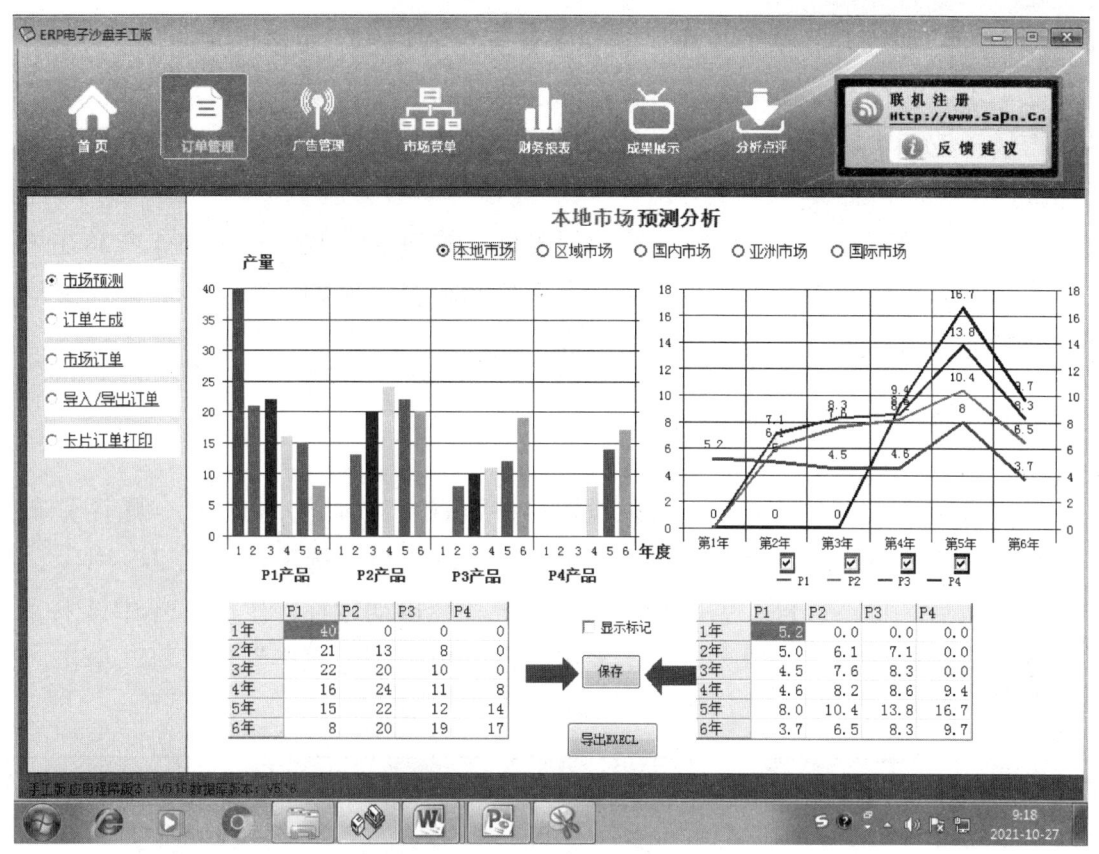

图 2-4 订单管理窗口

一、预测产品需求

从图 2-4 中可以看出，每家公司所面临的外部市场环境都相同。本公司长期以来一直专注于某行业 P 产品的生产和研发。目前公司生产的 P1 产品在本地市场知名度很高，客户也很满意，同时公司拥有自己的厂房（只拥有大厂房）、生产设施齐备、状态良好。

最近，一家权威机构对该行业的发展前景进行了预测，认为 P 产品将会从目前的相对较低的水平发展成为一个高技术产品。为此，公司董事会及全体股东决定将公司交给一批优秀的、年轻的管理层去管理，这批优秀的新人就是指每个实训小组的学生。他们希望新的管理层实现如下 4 个公司发展战略。

（1）投资新产品的开发，进一步提升公司的市场地位。

（2）开发本地市场以外的其他新市场，进一步拓展市场领域。

（3）扩大生产规模，采购现代化的生产线，努力提高生产效率。

（4）提高产品销量，提升公司管理水平，争取使本公司 6 年后的经营业绩达到行业最佳。

从图 2-4 中可以看出，P 产品系列的第一代产品称为 P1，第二代产品称为 P2，第三代产品称为 P3，第四代产品称为 P4。产品的本地市场预测分析情况具体如下。

（1）P1 产品：连续 6 年都有市场需求，但总体趋势是需求量逐渐减少。

（2）P2 产品：第 1 年没有需求量，从第 2 年到第 6 年，需求量先增加后减少。

（3）P3 产品：第 1 年没有需求量，从第 2 年到第 6 年，需求量逐年增加。

（4）P4产品：前3年没有需求量，从第4年到第6年，需求量逐年增加。

从图2-4还可以看出，公司的外部市场可以细分为5个市场，分别是本地市场、区域市场、国内市场、亚洲市场和国际市场。每个细分市场的4种产品的销售价格可以分别进行设置或者修改。

在订单管理窗口中，市场预测功能给教师提供了修改P1、P2、P3和P4产品在未来6年中每一年每个细分市场的市场需求数量和产品售价的机会。例如，为了提高学生参与实训的积极性，教师通常可以将产品的销售价格提高一些。

二、生成年度产品销售订单

在订单管理的订单生成功能中，可以设置的参数有交货时间分布控制、账期分布控制、量差、价差、ISO分布控制，以及"要求满足大于平均单价"选项，如图2-5所示。设置完所需的全部参数后，单击"自动生单"按钮，系统就会自动运行，生成6年中4种产品在5个细分市场中的全部订单。生单完毕后，系统自动弹出"产生完毕"信息框，单击"确定"即可。

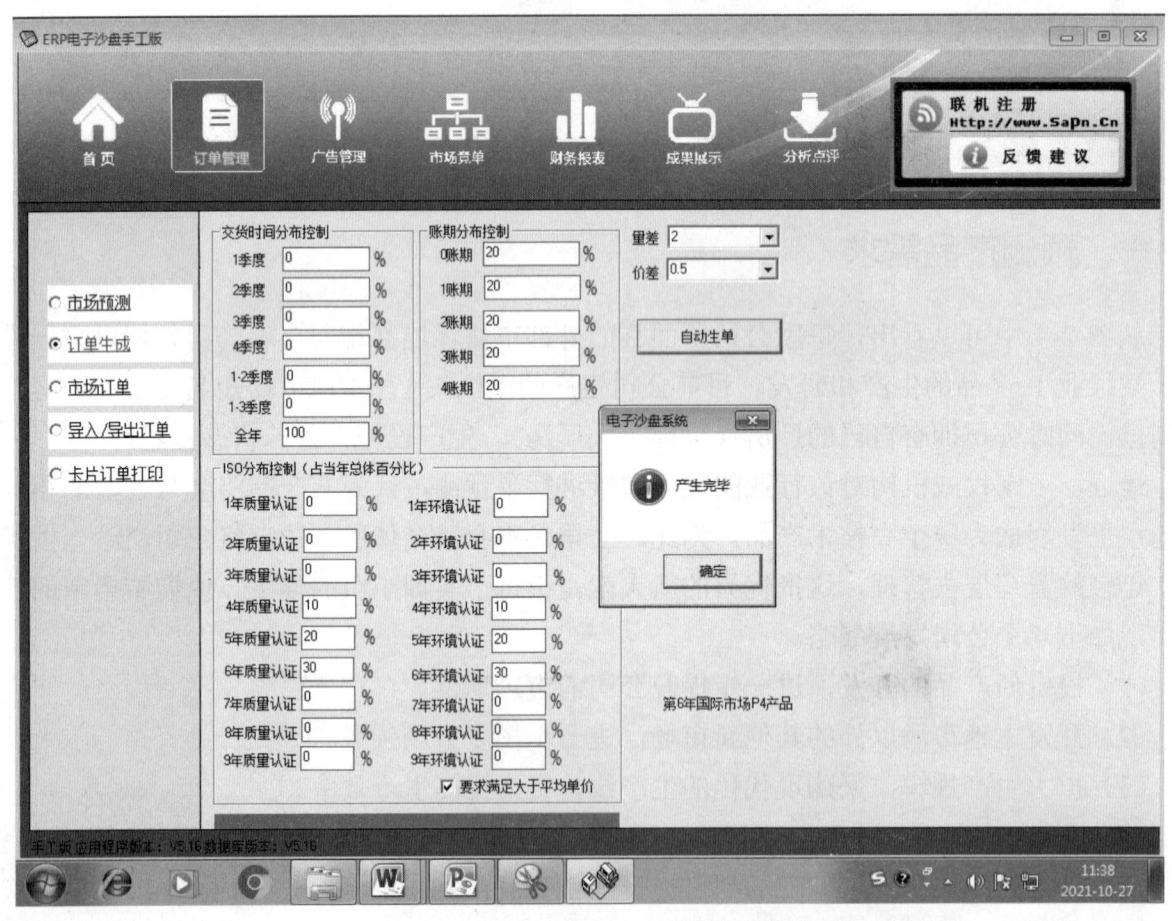

图2-5 订单生成窗口

沙盘软件系统自动生成订单之后，可以通过单击"市场订单"选项查看全部订单（如图2-6所示），也可以在此窗口中手动增加、修改、删除某些订单。

项目二　软件操作规则

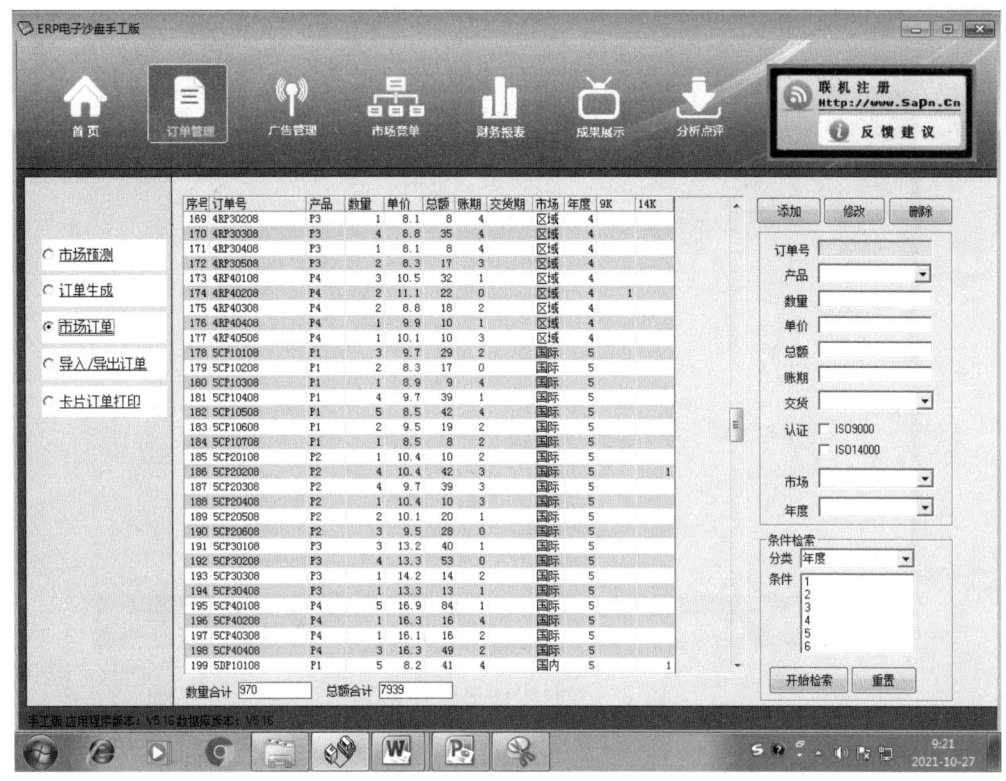

图 2-6　市场订单窗口

系统按照参数自动生成的订单，可以导出保存，也可以将外部订单文件导入到系统中，如图 2-7 所示。也可以选中"卡片订单打印"选项，按年度、市场、产品打印全部或部分订单，如图 2-8 所示。

图 2-7　导入/导出订单窗口

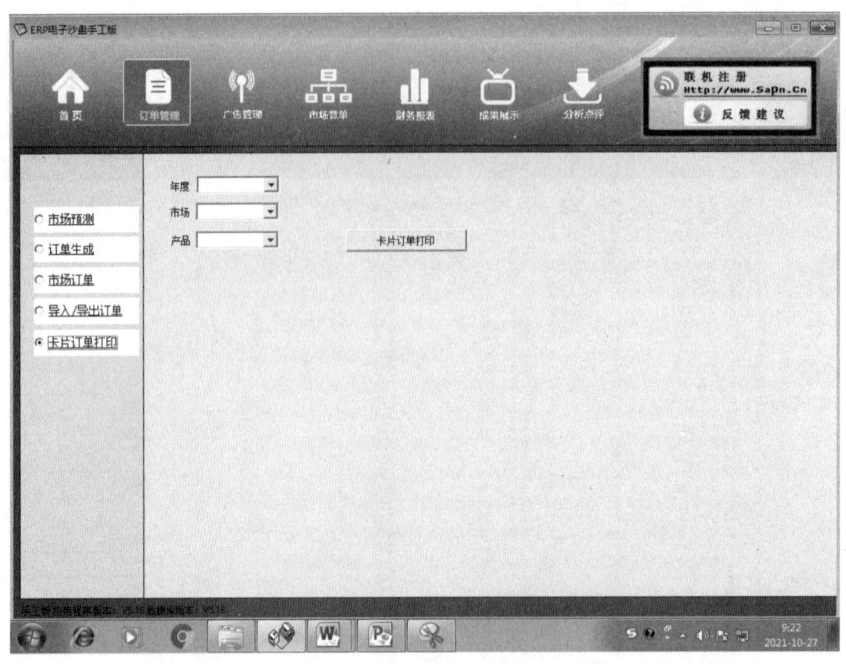

图 2-8　卡片订单打印窗口

广告管理模块提供了各家公司每个细分市场的广告费投入数据的录入窗口。每个年度伊始，每组的 CEO 将本年度填写完毕的广告投入单提交给教师并录入系统，如图 2-9 所示。在录入各家公司的广告投入数据之前，最好再次核实一下各家公司的产品研发、ISO 资格开发，以及市场开拓数据。在录入完一家公司的全部细分市场广告投入数据之后，必须先单击"提交"按钮，然后再选择另一家公司继续录入，否则系统不会保存刚刚录入的上一家公司的数据。

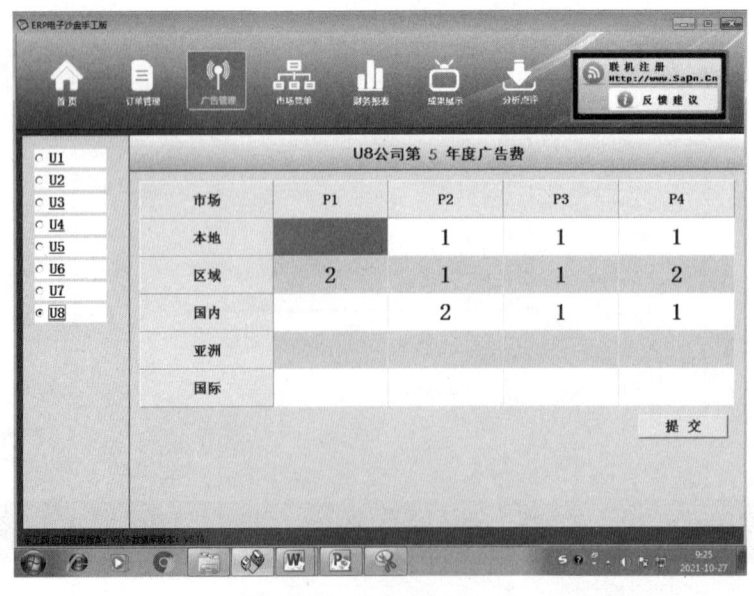

图 2-9　广告管理窗口

任务三　市场竞单

市场竞单模块提供了8家公司同时竞争全部市场产品订单的交互窗口，如图2-10所示。窗口的最下面一行显示了正在竞争的目前产品（P4产品）、目前市场（国际市场）和目前时间（第5年）。

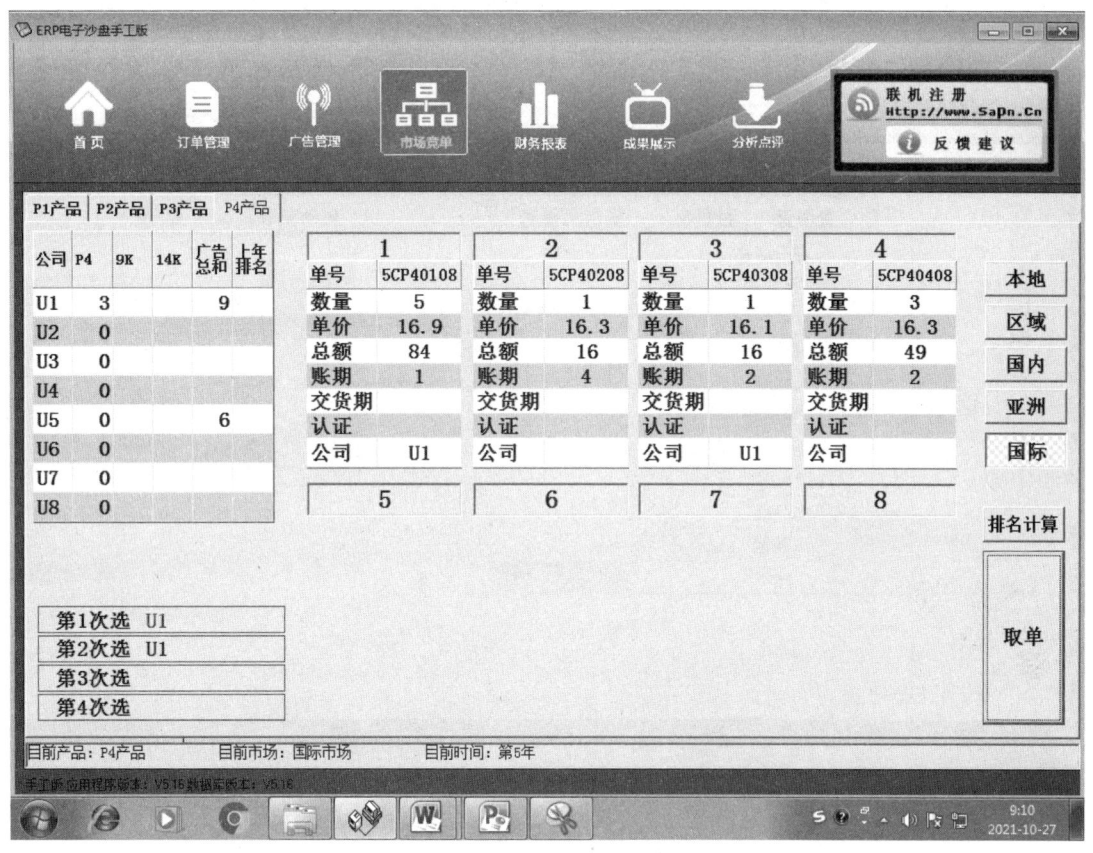

图2-10　市场竞单窗口

单击左边窗格上的4个选项卡，可以选择不同的产品，当前选择的是P4产品。左边窗格分别显示了8家公司投入到该细分市场的广告费和投入到该产品的总广告费。今年只有U1公司投入P4国际市场3个币，U1公司P4产品所有市场总共投入广告费9个币。左边窗格的下方显示了该细分市场的选单次数，以及每次选单的公司排序。今年只有U1公司有资格在P4国际市场上挑选订单，U1公司可以挑选2次订单。

中间窗格显示了该细分市场全部的订单。今年P4国际市场上，共有4个订单。在订单中的"公司"属性右边录入公司的编号，就表示该公司选中了该订单。今年U1公司依次选中两个订单，订单号分别是"5CP40108"和"5CP40308"。

右边窗格的5个按钮，可以用来切换不同的市场，如本地、区域、国内、亚洲、国际。每个细分市场竞单完毕后，单击右下角的"取单"按钮，系统会保存当前细分市场的竞单结果。

任务四 财务报表

财务报表模块提供了各家公司各年财务报表的录入窗口,如图2-11所示。首先在"首页"窗口中选择正确的年份(今年是第5年),然后打开"财务报表"窗口。

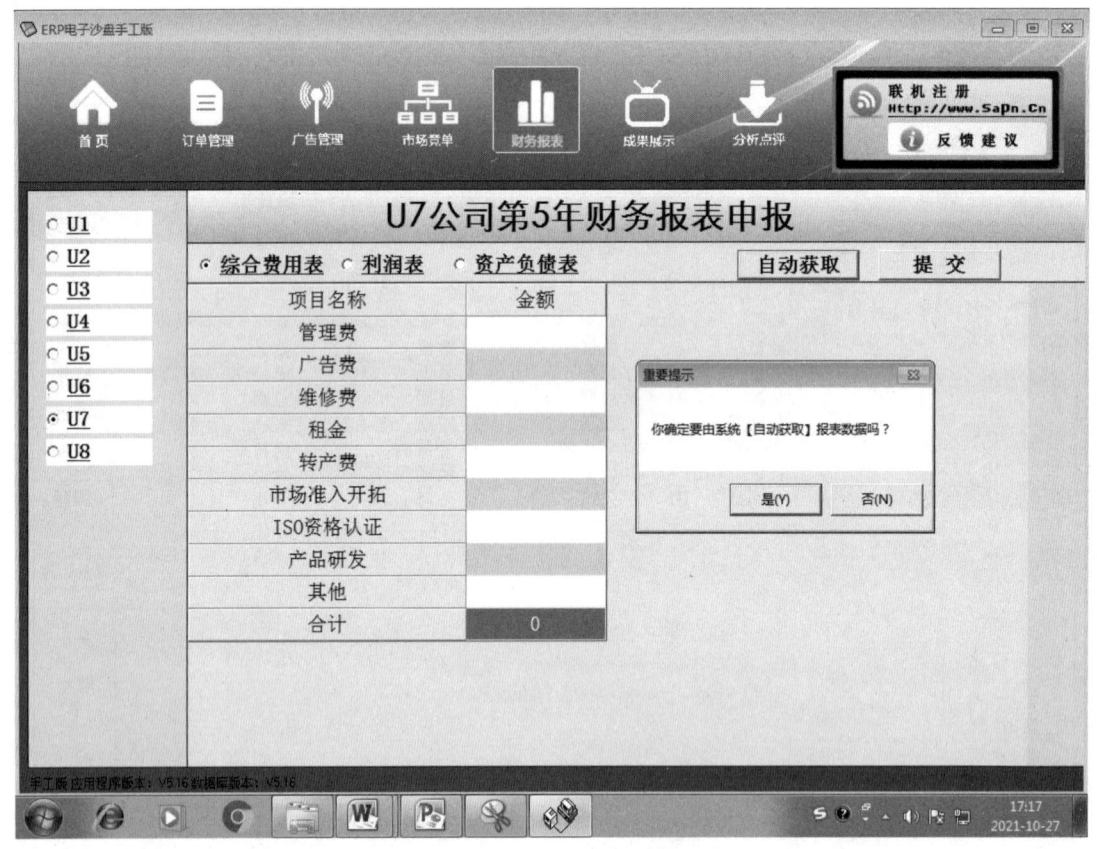

图2-11 财务报表窗口

在"财务报表"窗口中,首先在左边窗格中选择自己所在的公司,然后选中"综合费用表",单击"自动获取"按钮,系统弹出对话框"你确定要由系统【自动获取】报表数据吗?"。单击"是(Y)"按钮,系统就会显示出自动获取到的本公司数据,如综合费用表中的管理费、广告费等。

必须依次录入完综合费用表、利润表和资产负债表中的全部数据后,才能单击"提交"按钮。系统此时会自动审核三张报表是否符合会计恒等式和报表之间的钩稽关系和取数关系。例如,资产负债表中的资产总计的期末数等于负债和权益合计的期末数;利润表中的"综合费用"数据源自综合费用表中的"合计"数据,资产负债表中的各个合计和总计数据,都是由系统自动计算并显示的,不需要用户录入,用户也不能修改这些数据。

如果报表数据提交不成功,如图2-12所示,则必须修改数据,直到提交成功,否则系统不会保存任何一个财务报表数据。只有提交成功,系统弹出"提交完毕"对话框后,系统才会保存三张财务报表数据,如图2-13所示。

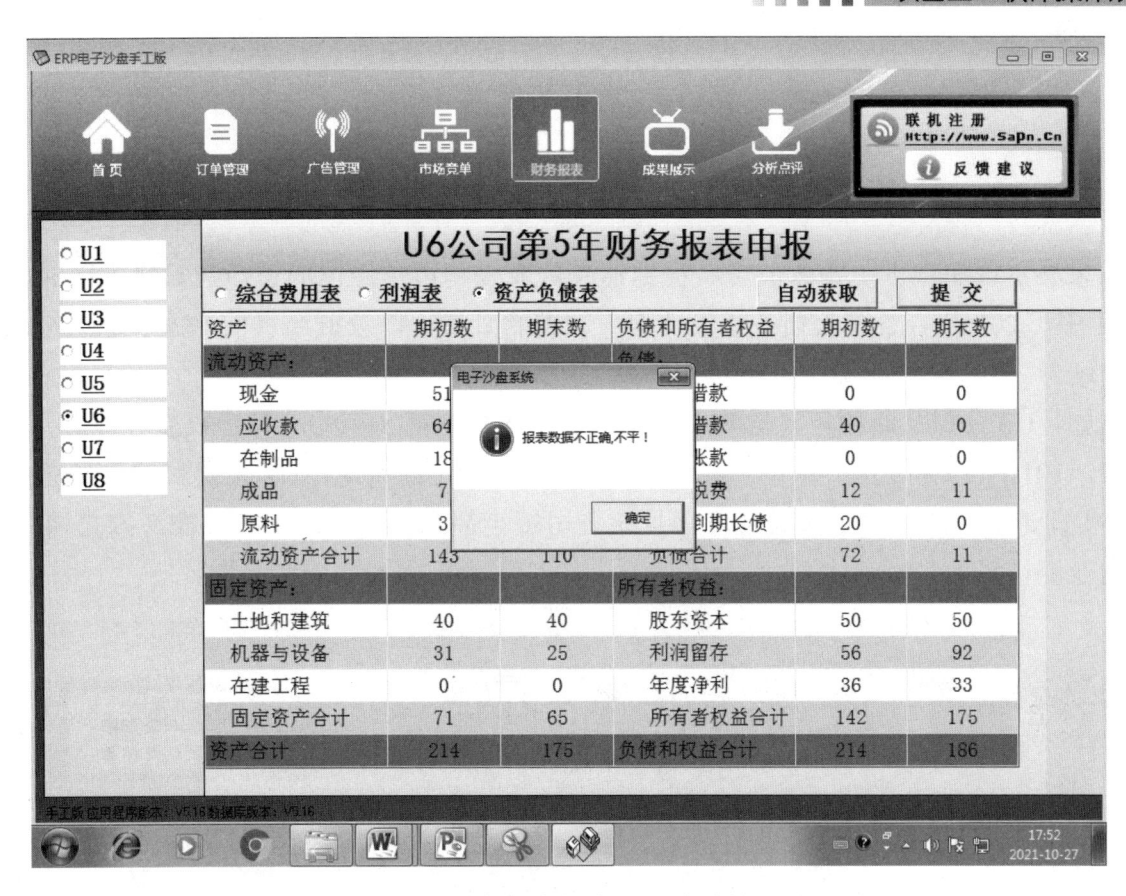

图 2-12　年末财务报表提交不成功时的界面显示

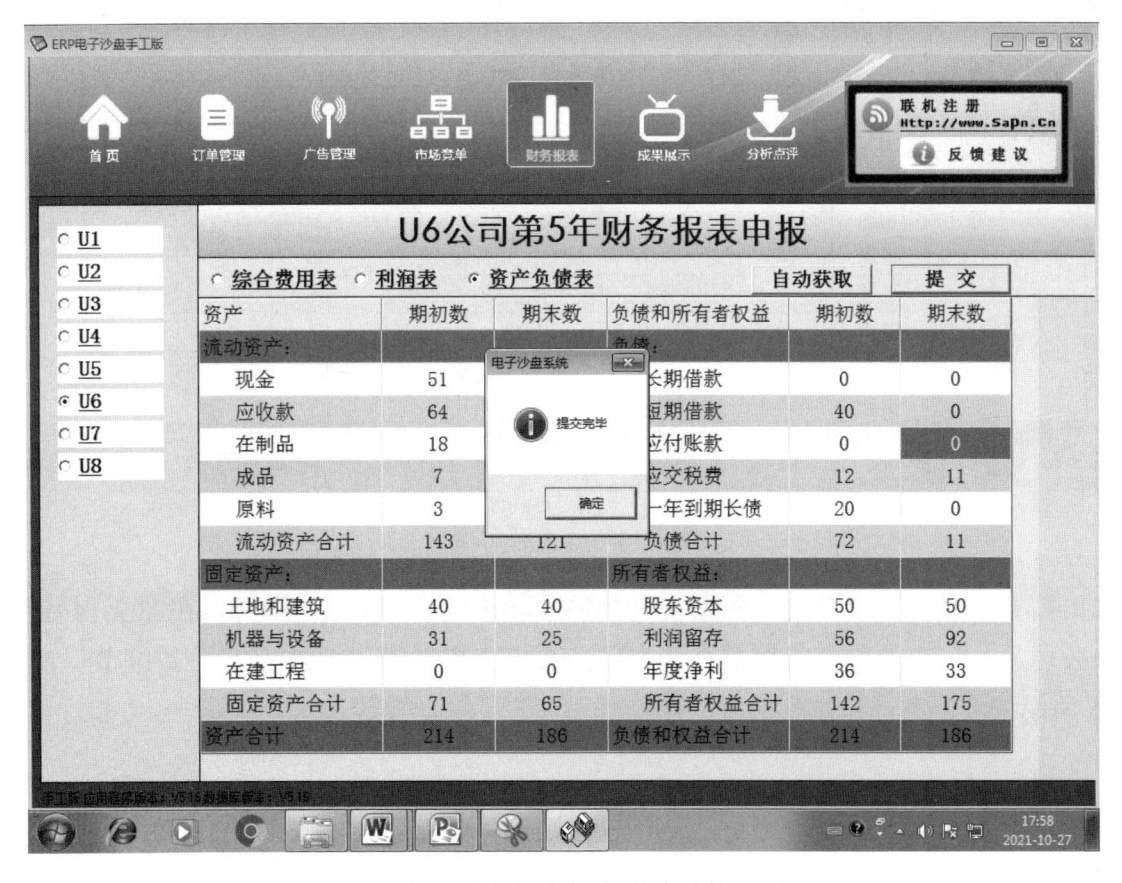

图 2-13　年末财务报表提交成功时的界面显示

任务五　成果展示

成果展示模块提供了各家公司展示当前经营成果和市场地位的窗口，如图 2-14 所示。从图 2-14 中可以得出，各家公司各年的所有者权益合计数，以及截至目前，各个市场份额最大的公司编号。

例如，U2 公司从起始年（也叫示范年、第 0 年）到第 5 年的所有者权益合计分别为 64，76，77，101，117 和 219（单位：百万元，记为 M）。由此可见，U2 公司目前已经完成了前 5 年的实训走盘和编制财务报表任务，且该公司每年都是盈利的。同时，在 8 家公司中，U2 公司在亚洲市场的份额最大。

经营成果及市场地位分析展示

	起始年	第1年	第2年	第3年	第4年	第5年	第6年	总分
U1	64	70	82	113	151	214		
U2	64	76	77	101	117	219		
U3	64	75	56	57	44	89		
U4	64	79	66	67	76	127		
U5	64	69	83	118	127	160		
U6	64	65	71	106	142	175		
U7	64	52	58	83	161			
U8	64	58	59	74	83	120		
本地						U6		
区域						U8		
国内						U4		
亚洲						U2		
国际						U7		

图 2-14　成果展示窗口

如果需要按照竞赛规则给出各家公司的第 6 年末的业绩总分，则可以在图 2-14 中依次单击各家公司第 6 年末的所有者权益合计金额，系统会自动弹出"U×公司分数细节"窗口，如图 2-15 所示的 U2 公司的分数细节。

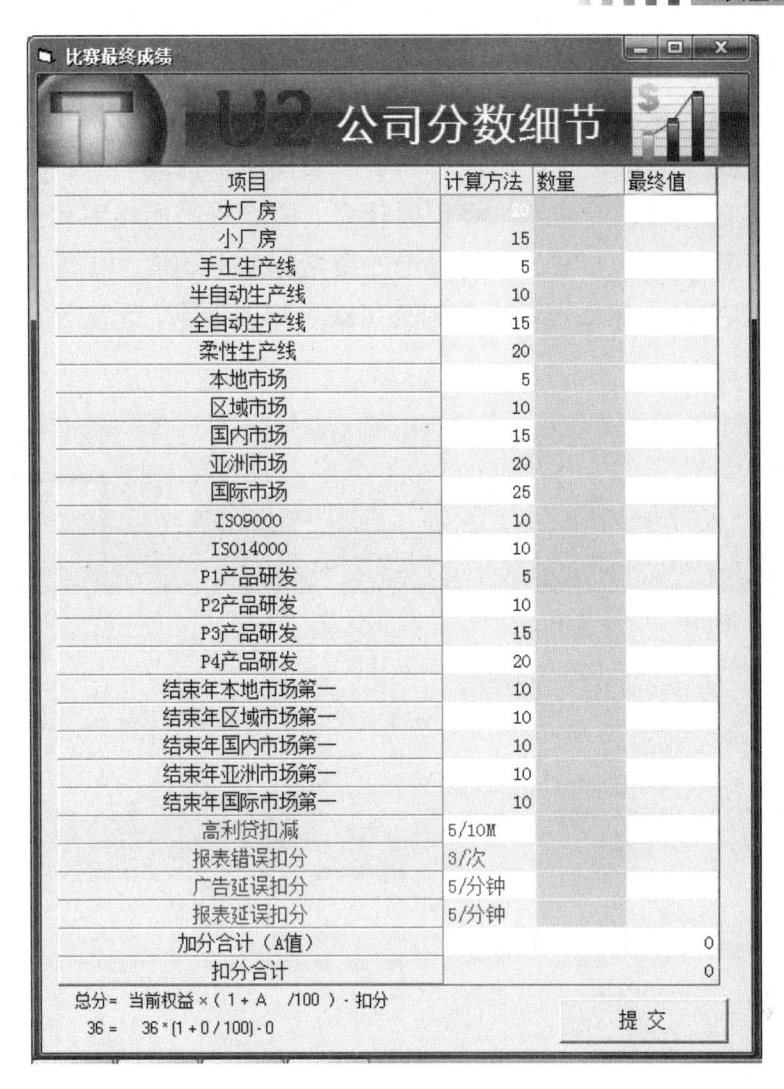

项目	计算方法	数量	最终值
大厂房		20	
小厂房		15	
手工生产线		5	
半自动生产线		10	
全自动生产线		15	
柔性生产线		20	
本地市场		5	
区域市场		10	
国内市场		15	
亚洲市场		20	
国际市场		25	
ISO9000		10	
ISO14000		10	
P1产品研发		5	
P2产品研发		10	
P3产品研发		15	
P4产品研发		20	
结束年本地市场第一		10	
结束年区域市场第一		10	
结束年国内市场第一		10	
结束年亚洲市场第一		10	
结束年国际市场第一		10	
高利贷扣减	5/10M		
报表错误扣分	3/次		
广告延误扣分	5/分钟		
报表延误扣分	5/分钟		
加分合计（A值）			0
扣分合计			0

总分 = 当前权益 × (1 + A /100) - 扣分
36 = 36 * (1 + 0/100) - 0

图 2-15　U2 公司分数细节窗口

在该窗口中录入从"大厂房"到"P4产品研发"的对应"数量"数据，然后单击右下方的"提交"按钮，系统就会自动计算出各家公司的业绩总分。注意："U2公司分数细节"窗口中下方的部分数据是不需要录入的，系统会自动计算得出。

任务六　分析点评

分析点评模块提供了分析点评各家公司各个年度的财务状况和经营成果的窗口，如图 2-16 所示。其中常用的功能有财务五力分析、成本结构分析、成本结构变化分析、杜邦分析法和订单总量分析。

一、财务五力分析

财务五力分析可以按年、按公司分析本公司的 4 个总指标：收益力、成长力、安定力和活动力。其中的收益力总指标又可以分为 4 个二级指标。这 4 个二级指标分别是毛利率、利润率、总资产收益率和净资产收益率；成长力总指标可以分为 3 个二级指标，它们分别是销售收入成长率、利润成长率和净资产成长率；安定力总指标可以分为 4 个二级指标，它们分别是流动比率、速动比率、固定资产适配率和资产负债率；活动力总指标也可以分为 4 个二级指标，它们分别是应收账款周转率、存货周转率、固定资产周转率和总资产周转率。

另外，系统还计算出每年 8 家公司的每个二级指标的平均值，作为行业平均水平指标，如图 2-16 所示，图中空白的部分表示本年本公司缺少相关数据，无法计算出或者无须计算出相应的二级指标。

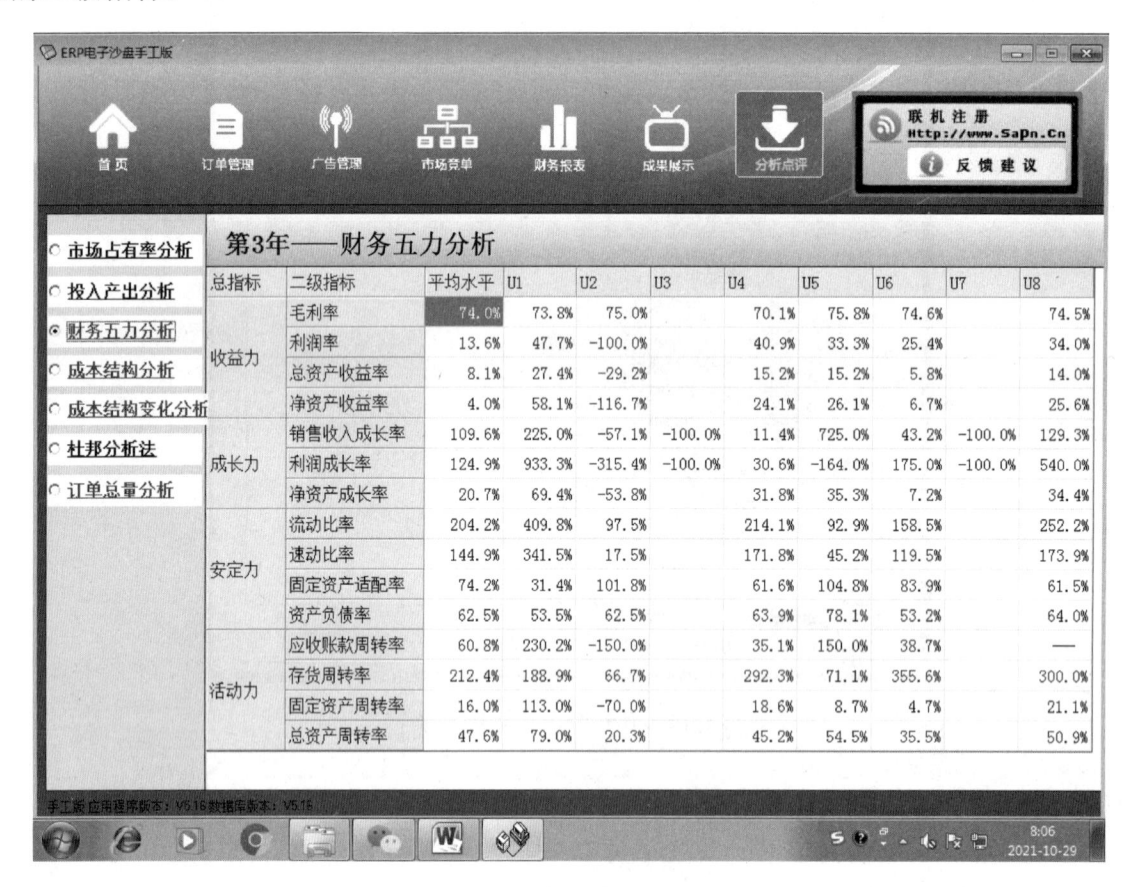

图 2-16 财务五力分析窗口

二、成本结构分析

成本结构分析可以分别计算出每家公司每年的直接成本、广告、经营费、管理费、折旧和利息占总成本的比重，如图 2-17 所示。

三、成本结构变化分析

成本结构变化分析可以画出每家公司历年来的直接成本、广告、经营费用、折旧、利息分别占总成本比重的变化曲线，如图 2-18 所示。

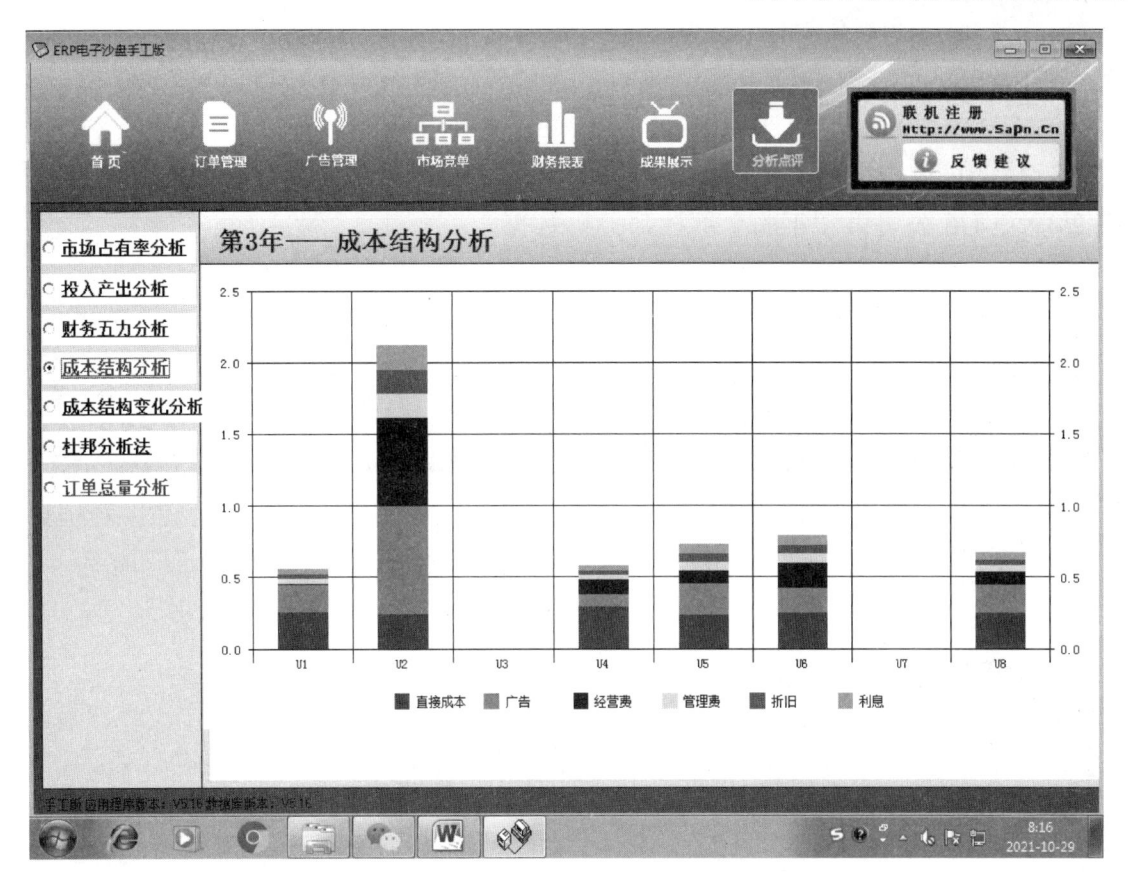

图 2-17 成本结构分析窗口

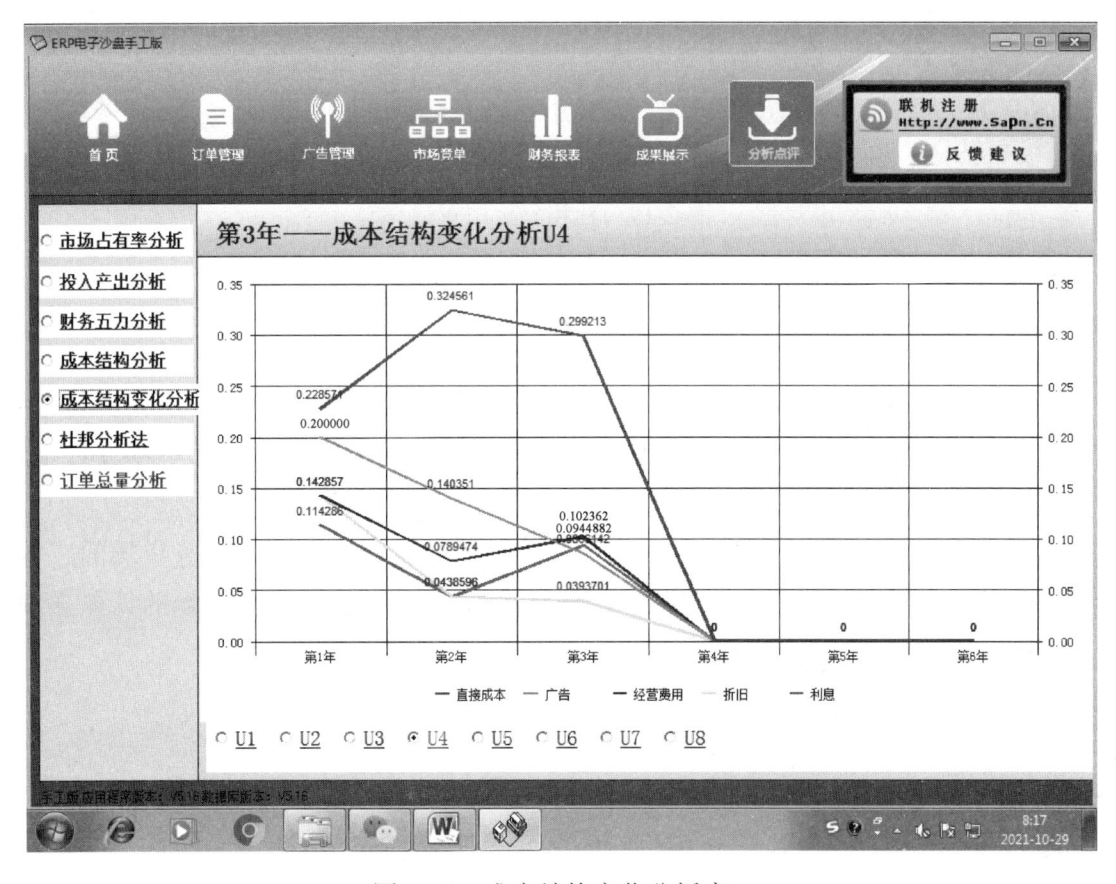

图 2-18 成本结构变化分析窗口

四、杜邦分析法

杜邦分析法可以由下而上地计算出每家公司每年的各个杜邦分析树中的全部财务指标数据，图 2-19 是 U6 公司第 3 年的全部杜邦分析数据。

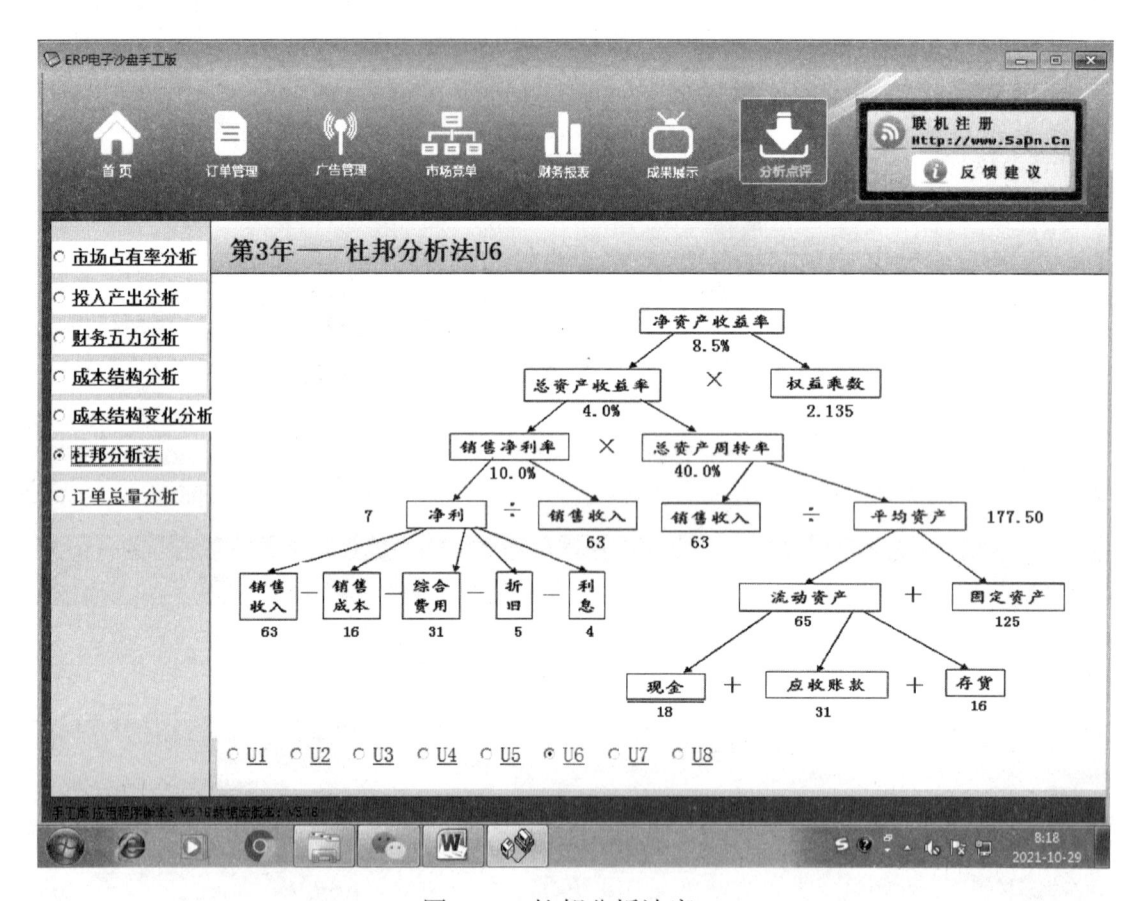

图 2-19 杜邦分析法窗口

五、订单总量分析

订单总量分析可以分析比较每家公司每年在各个细分市场的广告投入数据和订单详细数据。单击"分析点评"窗口中的"订单总量分析"选项，可以打开"各公司年度订单展示"窗口，如图 2-20 所示。

在"各公司年度订单展示"窗口中，单击某家公司的某个年度的某细分市场的广告数据，系统会弹出"企业查阅业务"窗口，以便用户查看特定公司、特定细分市场的订单详细数据，如图 2-21 所示。

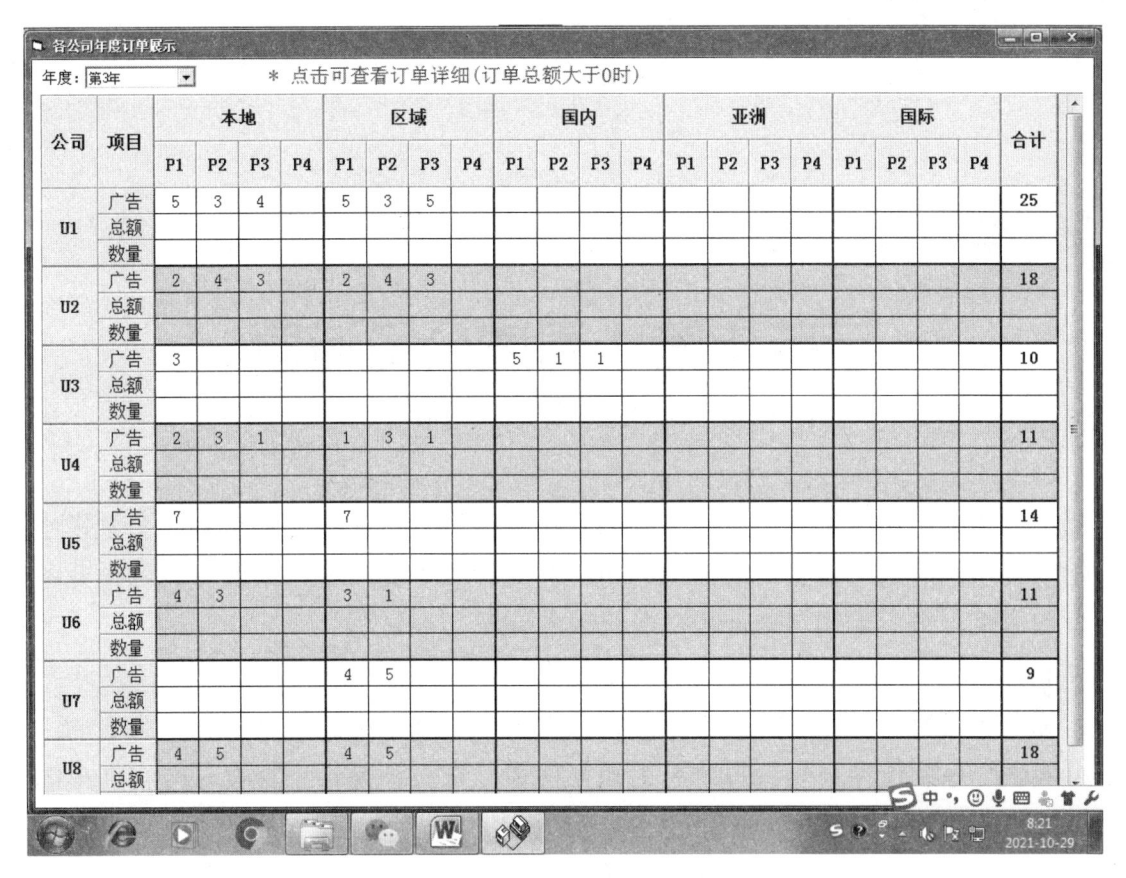

公司	项目	本地				区域				国内				亚洲				国际				合计
		P1	P2	P3	P4	P1	P2	P3	P4	P1	P2	P3	P4	P1	P2	P3	P4	P1	P2	P3	P4	
U1	广告	5	3	4		5	3	5														25
	总额																					
	数量																					
U2	广告	2	4	3		2	4	3														18
	总额																					
	数量																					
U3	广告	3								5	1	1										10
	总额																					
	数量																					
U4	广告	2	3	1		1	3	1														11
	总额																					
	数量																					
U5	广告	7				7																14
	总额																					
	数量																					
U6	广告	4	3			3	1															11
	总额																					
	数量																					
U7	广告					4	5															9
	总额																					
	数量																					
U8	广告	4	5			4	5															18
	总额																					

图 2-20　订单总量分析窗口

图 2-21　企业查阅业务窗口

项目三

示范年第1季度公司运营

示范年也叫初始年、第0年，这一年的公司模拟经营由任课教师带领8个学生小组模拟8家起始场景相同的制造业公司。按照公司运营流程表中的顺序，依次完成各个业务流程规定的走盘和记录，最后编制年末公司财务报表的完整实训过程。

实训准备：

（1）每个班级所有学生，按照自愿原则分为8个实训小组，每个实训小组3～6人为宜。每个小组代表一家制造型公司，每个小组独立使用一张实训桌，小组编号与实训桌面上标注的序号一致，分别为U1、U2、……、U8。

（2）每个小组分一套完整的用友畅捷通的桌面会计沙盘实训系统，包括纸质盘面一张、四种原材料若干、20桶以上的实训钱币、教材或者空白的实训手册、铅笔、橡皮等。

任务一 年初业务

年初业务特指每年一开始就需要完成，并且每年只完成一次的业务。年初业务主要包括年初摆盘、新年度规划会议、广告投放、参加订货会/订单登记、支付应付税、支付长贷利息、更新长期贷款/长期贷款还款、申请长期贷款等。即年初业务=年初摆盘+公司运营流程表中"4 季初现金盘点（请填余额）"上面的那些手工操作流程，如表3-1所示。

表3-1 示范年公司运营流程表

单位：百万元

序号	手工操作流程	1季	2季	3季	4季
1	新年度规划会议				
2	广告投放				
3	参加订货会/订单登记				
4	支付应付税				
5	支付长贷利息				
6	更新长期贷款/长期贷款还款				
7	申请长期贷款				

续表

序号	手工操作流程	1季	2季	3季	4季
8	季初现金盘点（请填余额）				
9	更新短期贷款/短期贷款还款付息				
10	申请短期贷款				
11	更新应付款/归还应付款				
12	原材料入库/更新原料订单				
13	下原料订单				
14	购买（租用）厂房				
15	更新生产/完工入库				
16	新建/在建/转产/变卖生产线				
17	紧急采购/公司间交易（随时进行）				
18	开始下一批生产				
19	更新应收款/应收款收现/追加权益				
20	按订单交货				
21	厂房出售（自动转租）				
22	产品研发投资				
23	支付管理费及其他				
24	新市场开拓	//////	//////	//////	
25	ISO 资格投资	//////	//////	//////	
26	出售库存/公司间交易				
27	应收款贴现（随时）				
28	缴纳违约订单罚款				
29	支付设备维修费	//////			
30	季末收入合计				
31	季末支出合计				
32	季末现金对账（8）+（30）-（31）				
33	年末计提折旧	//////	//////	//////	
34	年末现金余额（结账）				

一、年初摆盘

示范年的年初摆盘和第一年的年初摆盘完全一样，这是因为示范年是不计入学生6年的公司模拟经营综合业绩考评中的，是教师人为增加的，以便学生在独立公司经营之前熟悉实训具体流程、规则和要求。公司第2年的年初摆盘是由本公司第1年公司独立经营后的个性化的盘面演变而来的。

1. 现金

实训案例1：现金20M。

案例解析：

（1）钱币数量一定要清点无误；

（2）无须记录公司运营流程表。公司每年的年初摆盘项目，都只要摆盘，不记录。

走盘步骤：从盘面外拿入 20 个币，放入一个空桶中，然后放置在盘面上标注"现金"的位置。

2．应收账款

实训案例 2：应收账款 3Q-15M。

案例解析：

（1）账期。本实训中的账期是指应收账款距离变成现金的时间。一期就是一个账期，一个账期代表一个季度，用 Q 表示，即 3 个月。

（2）贴现利息向上取整。贴现是指在公司急需现金时，可以将尚未到期的应收账款随时变现。这种业务的缺点是公司需要损失一部分现金，损失的这部分现金称为贴现利息，简称贴息，也叫贴现费用。贴现利息的计算公式：贴现利息=应收账款金额×年贴现率×贴现期/4。

例如：本任务中的应收账款，如果现在立即贴现，则公司需要支付的贴息=15M×12.5%×3/4=1.406 25M，向上取整为 2M。按照贴现利息向上取整的规则，公司实际需要损失的贴息是 2 个币，而不是 1 个币。

由此可见：与其他的筹资方式相比，公司应收款贴现业务的优点是方便灵活，只要有应收账款即可随时贴现；缺点是公司需支付的贴现利息更高。

走盘步骤：从盘面外拿入 15 个币，放入一个空桶中，然后放置在盘面上标注"应收账款"区域的"三期"的位置。

3．原料及订单

实训案例 3：原料库中已经有 3 个 R1 原料，还有 2 个 R1 订单。

案例解析：按照沙盘规则，当原材料在验收入库时现金支付材料款，则原料库中的 R1 原材料是公司已经付过款的，属于公司内部的资产；若原料订单中的 R1 原材料还未完成验收入库，也未现金付款，则其还不属于本公司所有，而属于供应商所有。

走盘步骤：

（1）从盘面外拿入 3 个红色的 R1 原材料，整齐地放置在盘面上的"原料库"的"R1"位置；

（2）再从盘面外拿入 2 个红色的 R1 原材料，整齐地放置在盘面上的"原料订单"的"R1"位置。

4．产成品

实训案例 4：成品库中已有 3 个 P1 产品。

走盘步骤：从盘面外拿入 3 个拼好的 P1 产品，整齐地放置在盘面上的"产成品库"区域中的"P1"位置。

5. 厂房

实训案例 5：公司已拥有大厂房 40M。

走盘步骤：从盘面外拿入 40 个币，分别放在两个空桶里，然后放置在盘面上的"大厂房"位置。

6. 生产线及在产品

实训案例 6：大厂房中目前共有 4 条生产线，包括 3 条手工生产线和 1 条半自动生产线，全部在产 P1 产品。3 条手工线上的 P1 在产品分别处于 Q1、Q2 和 Q3 阶段，半自动线上的 P1 在产品处于 Q1 阶段。3 条手工生产线的净值均为 3M，半自动生产线的净值为 4M。

案例解析：

（1）这 4 条生产线都不是全新的生产线，都满足：原值>净值>残值。学生可以根据沙盘规则，自行推断出这 4 条生产线的建成时间和累计折旧金额；

（2）根据规则，加工费在原材料投入生产时支付。所以，产品和产成品的外观一样，只是时间不同。经历了足够的生产时间，已经完工入库的称为产成品，而处于生产线上的则称为在产品。

走盘步骤：

（1）从盘面外拿入 3 张手工生产线卡片，整齐地放置在盘面上的"大厂房"中的"待建"位置；

（2）从盘面外拿入 1 张半自动生产线卡片，整齐地放置在盘面上的"大厂房"中的"待建"位置；

（3）从盘面外拿入 4 张 P1 生产标识，分别放在以上 4 条生产线的"标识"位置；

（4）从盘面外拿入 9 个币，分别放在盘面上 3 条手工线的"净值"位置。再从盘面外拿入 4 个币，放在半自动线的"净值"位置；

（5）分别从盘面外拿入 3 个拼好的 P1 产品，分别放在 3 条手工线的 1Q、2Q 和 3Q 上；

（6）从盘面外拿入 1 个拼好的 P1 产品，把它放在半自动线的 1Q 上。

7. 生产资格

实训案例 7：公司已经获得 P1 产品的生产资格。

案例解析：公司只有取得生产资格后，才可以生产该产品，如 P2、P3 和 P4。

走盘步骤：从盘面来拿入一张 P1 生产资格的标识，放置在盘面上的"产品研发"中的"P1"位置。

8. 市场

实训案例 8：公司已经进入本地市场销售。

走盘步骤：从盘面外拿入一张本地市场的标识，把它放置在盘面上的"市场开发"中的"本地"位置。

9. 长期贷款

实训案例 9：公司现有长期贷款两笔，分别为 FY5-20M 和 FY4-20M。

案例解析：由于学生接手的公司是一家已经经营了若干年的公司，不是一家新设立的公司，因此公司不可避免地存在现有债权和债务，长期贷款就属于公司现有的债务。

走盘步骤：从盘面外拿入 4 个币，平分为 2 组，分别放置在盘面下方偏左的"长期贷款"中的"FY5"和"FY4"的位置。

10. 任务小结

（1）本任务中其他的年初数据可以不在盘面上摆出，如股东资本 50M。以上流程是必须满足的最低年初摆盘要求。

（2）每个会计年度的实训都从年初摆盘开始。年初摆盘是公司每年生产经营的必要环节。年初摆盘若出现错误，会一直传递下去，最终反映在本年度财务报表的数据错误中。

二、新年度规划会议

新年度规划会议是每个会计年度伊始，由当值的 CEO 召集本公司各部门管理人员召开的。新年度规划会议的主要议题是本年本公司的重要生产经营决策。这些重要的本年度生产经营决策包括广告投放策略、长短期贷款策略、固定资产投资策略（新建几条生产线、新建什么类型的生产线等）、产品原料采购、产品生产和销售策略等。

在实际的工作经验中，学生不必一开始就决定全部的公司年度规划决策，CEO 可以在本年的生产经营过程中，通过实时的讨论，达成小组内的一致意见，不断修订和完善本年度的计划和决策。

实训案例 10：示范年的年度规划主要内容如下。

（1）根据市场预测，公司继续生产 P1 产品，并同时研发 P2 产品；

（2）P1、P2 产品在区域市场有一定的优势，因此决定开发区域市场；

（3）公司决定购买一条半自动生产线；

（4）根据现金预算，公司暂不需要长期贷款，但需要短期贷款，公司暂不购买厂房和 ISO 投资。

案例解析：从现在开始，除了年度 CEO 签名用签字笔，请同学们都用铅笔填写每个会计年度的每张实训表格，这样便于反复修改。

走盘步骤：

（1）小组全体成员集体讨论，决定出今年的轮值 CEO；

（2）由新当选的 CEO 将自己的姓名用签字笔端正地手写在公司运营流程表的对应年度的右边。

记录步骤：CEO 准备好铅笔和橡皮，并在示范年的公司运营流程表中的手工操作流程下"新年度规划会议"行和"1 季"列的对应单元格中，用铅笔打钩，表示已经完成了这个流程的走盘和记录实训环节，如表 3-2 所示。

表 3-2　CEO 在示范年公司运营流程表上签名打钩

单位：百万元

序号	手工操作流程	1 季	2 季	3 季	4 季
1	新年度规划会议	√			
2	广告投放				

三、广告投放

实训案例 11：CEO 组织本公司成员讨论决定今年的广告投放策略。广告投放策略具体包括三个要素：产品、市场和金额。本年度本公司在 P1 产品的本地市场投放 1M 的广告费用。

案例解析：因为在第 1～6 年的实训中，各家公司实际投放的广告费是不一样的，因此广告投放遵循的是"先记录，后走盘"的实训原则。即每家公司每年年初必须首先将广告费提交给教师审核，并在教师端的管理软件中录入广告费明细金额后，教师会在每家公司的实训表格内，用签字笔填上刚刚提交的广告费用的合计金额。该金额一旦填写，未经教师批准，不允许学生更改。由于现在是示范年，为了讲解的方便，假定每家公司示范年的广告投入费用相等，具体金额如表 3-3 所示。

表 3-3　广告投放单

广告投放　（U8 组）　第（0）年

市场	P1	P2	P3	P4
本地	1			
区域				
国内				
亚洲				
国际				

CEO 签字：　周梅

这说明，示范年（第 0 年）U8 公司决定在本地市场为 P1 产品投放 1 个币的广告费用，其他产品和市场均不投入广告费用。由本年度的初始化盘面可知，本年度本公司只拥有 P1 产品的生产资格，而且只能进入本地市场进行销售，其他的产品和市场还没有研发出来，因此不能投放广告和竞争产品订单。公司只能在自己已经研究出来的产品上和自己已经开发出来的市场上投放广告竞单。

所有小组须将本年度的广告投放单提交给任课教师并经任课教师审核通过后，方可继续实训。

记录步骤：

方法一：将协商一致并提交任课教师审核通过管理软件后的广告费投入合计金额，直接填写在示范年公司运营流程表中的"广告投入"行和"1 季"列交叉的单元格内写上"-1"。负号表示现金的支出，1 表示今年的广告投放总金额为 1 个币。

方法二：每个小组提交纸质版的广告投放单，如表 3-3 所示。经任课教师审核通过后，再将最终结果填写在公司运营流程表中的对应单元格内。

走盘步骤：从盘面上的现金桶里拿出本年度广告费总额的币数（今年是 1 个币），放到盘面上的"管理费用"区域中的"广告费"位置。

四、参加订货会/订单登记

实训案例 12：订货会每年一次，年初举行，由任课教师主持订货会。在实训室中，订货会通常借助于用友畅捷通公司专门开发的计算机端管理系统进行。由于是示范年，暂且假设每个小组得到的订单都一样，如表 3-4 所示。

表 3-4 示范年的订单登记表

单位：百万元

订单号	1								合计
市场	本地								
产品	P1								
数量	6								
账期	2Q								
总额	37								
未售									

走盘步骤：无。

记录步骤：

（1）将本公司抢到的订单登记到本年度的订单登记表中，每列填写一个订单，如表 3-4 所示；

（2）将本年度本公司所有的订单都登记完毕后，在示范年的公司运营流程表中的对应位置打钩。打钩表示该业务流程已经执行完毕，而且该业务流程的执行不涉及现金的收入与支出。

五、支付应付税

实训案例 13：这里的应付税特指企业所得税。为了降低实训的难度，在纳税方面，本课程只考虑企业所得税，其他税种如流转税等，暂时全部忽略不计。

案例解析：企业所得税在年末计提，下一年年初实际缴纳。因此，这里的支付应付税，就是缴纳上一年年末计提的所得税金额。为了降低实训的难度，本课程中的企业所得税只考虑当年的税前利润，不考虑所得税跨年度的抵扣和补交情况。也就是说，这里我们假定，税前利润=应纳税所得额。

年初实际缴纳的上一年的企业所得税金额，可以从示范年利润表或者资产负债表中得到。示范年利润表中"所得税"的上年数，或者资产负债表中"应交税费"的期初数，就是需要支付的企业所得税金额。

走盘步骤：

（1）查阅示范年资产负债表中的"应交税费"的期初数，其值为"1"，这说明本公司本年年初需要缴纳上年的公司所得税为1个币；

（2）从现金桶里拿出相应的币数（今年为1个币），放到盘面上的"税收"栏中。

记录步骤：在示范年的公司运营流程表中的"支付应付税"行和"1 季"列交叉的单元格内填写"–1"。

六、支付长贷利息

实训案例 14：支付示范年的长期贷款利息。

案例解析：由初始化后的盘面可知，本公司今年年初有 20 个币的 5 年期贷款，还有 20 个币的 4 年期贷款，因此本年年初长期贷款本金总额为40M。再根据融资规则"长期贷款的年利率为10%，每年初支付利息，到期还本"，可以计算出今年年初应该支付的长期贷款利息金额=40M×10%=4M。

走盘步骤：从现金桶里拿出 4 个币，放到盘面左下角"利息"栏中。

记录步骤：在公司运营流程表中的"支付长贷利息"行和"1 季"列交叉的单元格内，填写"–4"。

七、更新长期贷款

实训案例 15：更新示范年的长期贷款。

案例解析：长期贷款的更新，包括长期贷款的到期还本。对于年初摆盘中处于 FY5 至 FY2 位置的长期贷款，在更新长期贷款时，只需要逐个向右移动一年即可。但是对于年初摆盘时就已经处于 FY1 位置的长期贷款而言，这笔款项就需要偿还本金。这笔长期贷款的利息在支付长贷利息中，已经支付完毕。

示范年的年初摆盘中的长期贷款有两笔，即 FY5-20M、FY4-20M。这两笔贷款还未到期，无须偿还本金，只需要分别向右移动一年即可。

走盘步骤：将盘面下方 FY4 上的长期贷款向右移动到 FY3 的位置，采用同样的方法，将 FY5 位置的长期贷款向右移动到 FY4 的位置，更新后的长期贷款可以表示为 FY4-20M、FY3-20M。

记录步骤：在示范年的公司运营流程表中的"更新长期贷款/长期贷款还款"行和"1 季"列交叉的单元格内打钩，也可以在钩号后面写上更新后的公司所有长期贷款数据，今年可以写"√（FY4-20M，FY3-20M）"。

八、申请长期贷款

根据本年度本公司的资金需求，本公司今年不需要申请长期贷款，无须走盘，只需要在示范年的公司运营流程表中的"申请长期贷款"行和"1 季"列交叉的单元格内打叉。

示范年年初业务结束后的公司运营流程表，如表3-5所示。请学生认真校对盘面和表格，如有错误,请务必改正后,才能继续实训。

表3-5 示范年年初业务结束时的公司运营流程表

周梅　　　　　　　　　　　　　　　　　单位:百万元

序号	手工操作流程	1季	2季	3季	4季
1	新年度规划会议	√			
2	广告投放	-1			
3	参加订货会/订单登记	√			
4	支付应付税	-1			
5	支付长贷利息	-4			
6	更新长期贷款/长期贷款还款	√(FY4-20M,FY3-20M)			
7	申请长期贷款	×			

任务二　日常业务

公司每年的生产经营的前三个季度的日常业务的流程基本一样,不同的只是具体的走盘和记录的金额或者数量。

一、季初现金盘点

实训案例1:示范年第1季度季初对现金进行盘点。

案例解析:每个季度的季初都需要进行季初现金盘点,其目的是确保该时点的现金账实相符。这里的"账"特指公司运营流程表上"1季"的流程8"季初现金盘点"的对应单元格中所填写的数字。这里的"实"特指盘面上现金位置的实际存在的币数。

只有确保现金账实相符,才可以进行下面的实训操作,否则就要寻找原因,改正错误,直到账实相符。

走盘步骤:

(1)盘账。公司运营流程表上该时点应该存在的现金余额=年初现金余额+年初申请的长期贷款金额-广告投放-支付应付税-支付长贷利息-长期贷款还款,即20M+0M-1M-1M-4M-0M=14M。

(2)盘库。清点公司的库存现金在该时点的实际数额,即数一数盘面上"现金"位置实际存在的币数。如果前面的年初摆盘和年初业务的走盘没有错误的话,此时盘面上的现金桶里也应该是14个币。

记录步骤:在示范年的公司运营流程表中的"季初现金盘点"行和"1季"列交叉的单元格内填写"14"。

二、更新短期贷款/短期贷款还本付息

由盘面可知，公司目前尚无短期贷款，因此无须更新短期贷款，也不存在短期贷款的还款付息业务。在公司运营流程表的"更新短期贷款/短期贷款还款付息"行和"1季"列交叉的单元格中打叉。

三、申请短期贷款

根据公司今年的年度规划，可以申请短期贷款，但是目前公司现金足够，并不需要短期贷款，因此在示范年的公司运营流程表中的"申请短期贷款"行和"1季"列交叉的单元格中打叉。

如果在第1季度后面的流程中发现现金不足，急需短期贷款时，还可以回来补做本流程，但不能跨季度。

四、更新应付款

在目前使用的实训版本中，付款通常都要求现金支付，不存在应付款，因此通常不需要运行此流程，在示范年的公司运营流程表中的"更新应付款"行和"1季"列交叉的单元格中打叉。

需要说明的是，本沙盘是可以实现应付款流程的。应付款流程的走盘和记录，类似于应收款项对应的各个流程，有兴趣的学生可以尝试一下。

五、原材料入库/更新原料订单

实训案例2：示范年第1季度原材料入库/更新原料订单。

案例解析：原材料入库必须严格按照订单和规则入库，即原材料R1、R2在下单的下一个季度入库，原材料R3、R4在下单的两个季度后入库。而且，原材料入库数量必须等于订单数量。原材料不得提前或延迟入库，也不得部分入库。原材料在入库的同时支付货款。在现行的实训版本中，原材料款项都是现金支付。

更新原料订单是针对原材料R3、R4而言的。如果上个季度下了R3、R4原料订单，那么本季度就运行"更新原料订单"流程，即把盘面上"原料订单"区域中的R3、R4位置的原材料分别移动到"在途"位置。

查看示范年此时的盘面"原料订单"部分，可以发现2个R1订单，按照沙盘规则，本期必须全部入库，并用现金支付材料款。由此计算出本期原材料入库需要支付的现金总额为2M。

走盘步骤：

（1）将"原料订单"区域的2个R1原材料放入"原料库"区域中的"R1"位置；

（2）从现金桶里拿出2个币，放到盘面外的现金桶里。每张实训桌上有一个特制的下凹

区域，用来存放盘面外的各种资源，如现金、原材料、产品生产资格、市场标识等。

记录步骤：在示范年的公司运营流程表中的"原材料入库/更新原料订单"和"1季"交叉的单元格中填写"-2"，表示此流程支出了2个币的现金。

六、下原料订单

实训案例3：示范年第1季度下原料订单。

案例解析：下原料订单要根据生产计划来规划，生产计划则是根据销售计划来制订的。通常情况下，考虑未来两个季度的生产规模，来确定本期的原料下单数量。在沙盘竞赛中，学生经常采用最佳经济订货量来确定订单的数量和时点。

走盘步骤：从盘面外拿来2个红色的R1原材料，放到"原料订单"区域中"R1"位置。

记录步骤：在示范年的公司运营流程表中的"下原料订单"行和"1季"列交叉的单元格中填写"（2R1）"。

七、购买（租用）厂房

目前本公司只拥有大厂房。大厂房中最多可以容纳6条生产线，目前已有4条生产线，还有2个待建生产线的空位，因此公司目前不需要购买或租用小厂房。在示范年的公司运营流程表的"购买（租用）厂房"行和"1季"列交叉的单元格中打叉，表示此流程不需要运行。如果公司决定本期开始新建2条以上的生产线，则此时需要运行此流程。

八、更新生产/完工入库

实训案例4：示范年第1季度更新生产/完工入库。

案例解析：

（1）本流程只能由一名学生完成，不宜多人共同操作，容易出错；

（2）本流程严格按照从左往右、自上而下的顺序，依次对每条生产线上的在产品进行一次操作，不能重复操作，也不能遗漏。

走盘步骤：

（1）将"生产中心　大厂房"区域中第1排左边第1条手工线上的在产品P1，由"1Q"移动到"2Q"的位置，这步操作称为"更新生产"；

（2）将"生产中心　大厂房"区域中第1排左边第2条手工线上的在产品P1，由"2Q"移动到"3Q"的位置，这步操作也称为"更新生产"；

（3）将"生产中心　大厂房"区域中第1排左边第3条手工线上的在产品P1，由"3Q"移动到"产成品库"区域中"P1"的位置，这步操作就称为"完工入库"；

（4）将"生产中心　大厂房"区域中第2排左边的半自动线上的在产品P1，由"1Q"移动到"2Q"的位置，这步操作也称为"更新生产"。

记录步骤：在示范年的公司运营流程表中的"更新生产/完工入库"行和"1季"列交叉的单元格中打钩，也可以加上物流数据，如"√（1P1）"。

九、新建/在建/转产/变卖生产线

实训案例5：根据年度规划，示范年第1季度开始，新建一条半自动生产线。

案例解析：新建生产线是指开始建设一条新的生产线。在建生产线是指继续建设一条已经开始，处于在建工程中的生产线。转产生产线是指现有已投入使用的生产线，当前处于空闲状态，原来生产一种产品，现在要开始生产另一种产品。转产不需要转产费，但是需要转产时间。不同生产线的转产时间是不一样的。详情参见表1-3。变卖生产线就是出售生产线。示范年第1季度就属于新建生产线，第2季度属于在建生产线。

走盘步骤：

（1）根据今年的年度规划，需要新建一条半自动生产线。从盘面外拿入一张"半自动"生产线的纸质标识，白面向上，反扣在"生产中心　大厂房"区域中的"待建"位置。

（2）根据规则，半自动生产线的安装周期为2个季度，公司按照安装进度平均支付设备款，本期和下期分别应支付5个币的现金。从盘面上的现金桶里拿出5个币，放在白面的左上角，堆成一摞。

记录步骤：在示范年的公司运营流程表中的"新建/在建/转产/变卖生产线"行与"1季"列交叉的单元格中填写"-5"，表示此流程支出了5个币的现金（也可以在"-5"后加上一个"半"字，表示新建的是一条半自动生产线）。

十、紧急采购/公司间交易

本流程可以随时进行，紧急采购的对象既可以是产品，也可以是原材料。但为了简便，绝大多数同学都选择在每年第4季度的时候，才向别的公司小组用现金购买部分产品，用来满足尚未提交的本年产品订单的数量需要。

由于此时无须紧急采购，因此只在示范年的公司运营流程表中的"紧急采购/公司间交易"行和"1季"列交叉的单元格中打叉，表示不需要运行此流程。

十一、开始下一批生产

实训案例6：示范年第一季度开始下一批生产。

案例解析：运行此流程需要同时满足如下3个条件，缺一不可。

（1）公司此时点存在空白生产线。生产线上没有在产品的生产线称为空白生产线。公司只有在存在空白生产线的情况下，才会运行"开始下一批生产"流程，观察此时的盘面，可以发现存在一条空白的手工生产线，生产标识为"P1"，说明这条空白手工生产线可以开始下一批P1产品的生产。

（2）足够的原材料。1条空白生产线可以投产1个P1产品。根据产品结构及投产规则，每投产1个P1产品需要1个原材料R1和1个加工费。此时还要检查原料库中，是否存在1个红色的R1原材料。

（3）足够的现金，用以支付加工费。为了区别于4种原材料的颜色，加工费用白色表示。

公司需要用盘面上的现金来交换盘面外的加工费。每 1 个币的现金等价交换 1 个加工费。

走盘步骤：

（1）逐一检查以上 3 个条件并做出判断：公司此时可以运行"开始下一批生产"流程；

（2）从盘面上的现金桶里拿出 1 个币，交给盘面外，再从盘面外拿入 1 个白色的加工费；

（3）从盘面上的"原料库"区域的"R1"位置，拿出 1 个 R1 原材料，和刚才的加工费一起拼成 1 个 P1，放在空白生产线的"1Q"位置。

记录步骤：在示范年的公司运营流程表中的"开始下一批生产"行和"1 季"列交叉的单元格中填写"-1"，表示本流程中支出了 1 个币的现金，也可以详细填写上"-1，1P1"。

十二、更新应收款/应收款收现/追加权益

实训案例 7：示范年第 1 季度更新应收款。

案例解析：更新应收款分为广义和狭义两种。广义的更新应收款=狭义的更新应收款+应收款收现。狭义的更新应收款表示应收款更新后，还未到期，仍然为应收款。如果应收款更新后变成了 0Q，也就是变成了现金，这种情况就称为应收款收现。

追加权益通常是指公司的所有者为了公司更好地生存和发展，向本公司追加的投资。在本课程中可以理解为公司现金和股东资本的等额增加。增加的金额就是股东追加的投资额。

走盘步骤：由于此时盘面上存在应收款 3Q-15M，所以可以运行狭义的更新应收款流程。将盘面右下角的"应收账款"区域中的 15 个币，由原来"三期"的位置移动到"二期"的位置。

记录步骤：在示范年的公司运营流程表中的"更新应收款/应收款收现/追加权益"行与"1 季"列交叉的单元格中打钩，表示已经做完这个流程。

十三、按订单交货

比较今年的所有订单和产成品库中所有的产品，一旦满足订单要求，立刻交货收款。同一个订单必须一次全部交付，不得分期交付。根据今年的订单登记表中数据，今年本公司只有一个订单，即需要向客户交付 6 个 P1 产品。但是目前公司产成品库中只有 4 个 P1 产品，因此不满足订单交付条件，第 1 季度无法按订单交货，不运行按订单交货流程。

在示范年的公司运营流程表中的"按订单交货"行和"1 季"列交叉的单元格中打叉，表示不运行这个流程。

十四、厂房出售（自动转租）

如果公司急需现金，也可以出售大厂房，得到 4Q-40M，同时支付 5M 的租金，将大厂房租回使用 1 年。由于本年度规划中没有厂房出售和转租的计划，因此不运行该流程，在示范年的公司运营流程表的"厂房出售（自动转租）"行和"1 季"列交叉的单元格中打叉。

十五、产品研发投资

实训案例 8：示范年第 1 季度开始，研发 P2 产品。

案例解析：是否研发新产品，研发哪一种新产品，以及是否投资与产品相关的 ISO9000 资格认证或与生产环境相关 ISO14000 资格认证，都需要结合企业战略，做顶层设计，逐年落实。这就是年度规划会议需要小组讨论并协商一致的决议。当然，学生也可以在实训过程中动态修改和完善相关决策。公司可以同时研发多个新产品，这样做有利于更快地生产和销售新产品，获取更多的利润。

走盘步骤：

（1）查阅公司本年度规划，得知今年公司将研发 P2 产品。从盘面外拿入一张 P2 产品生产资格的标识，白面向上，反扣在盘面最上方"产品研发"区域中"P2"的位置；

（2）根据产品研发规则，P2 产品一共需要投资 4 个季度，每个季度投资 1 个币。因此从盘面上的现金桶里拿出 1 个币，放到刚才反扣着的 P2 生产资格标识上。

记录步骤：在示范年的公司运营流程表中的"产品研发投资"行和"1 季"列交叉的单元格中填写"-1"。

十六、支付管理费及其他

实训案例 9：示范年第 1 季度支付管理费。

案例解析：这里的管理费，不是指财务报表中的管理费用项目，而是指未列入流程中的公司的其他开支，为了简化沙盘，统一归入此项。这里的其他开支，是指不能归入管理费的其他必要开支，在实训过程中通常不会发生。按照规则，每家公司每个季度发生 1 个币的管理费。管理费必须用现金支付。

走盘步骤：从盘面上的现金桶里拿出 1 个币，放在盘面上的"管理费用"区域的"管理费"位置。

记录步骤：在示范年的公司运营流程表中的"支付管理费及其他"行和"1 季"列交叉的单元格中填写"-1"。

十七、出售库存/公司间交易

同一会计年度内，各家公司之间可以进行产品或服务的买卖交易。这种情况通常发生在年末，某家公司自己不能生产足够的产品来交付，又不想违约、不想缴纳违约订单罚款时，该公司可以和别的小组协商，用现金购买急需的产品。产品价格由买卖双方协商确定，现金交易。

在公司间交易中，购买产品的公司运行流程"紧急采购/公司间交易"，出售产品的公司运行流程"出售库存/公司间交易"。

对于出售产品的公司而言，相当于增加了一个销售订单。必须在当年的订单登记表中新增这个订单。公司间交易得到的产品销售订单与年初竞单得到的产品销售订单的不同之处如下。

（1）在公司间交易得到的订单上，"市场"栏填写卖家公司的组号，如"U6"，而不是"本地""区域""国内"等。

（2）在公司间交易得到的订单上，"账期"栏填写的一定是"0"，而不是"1""2""3"等。

（3）在公司间交易得到的订单上，"订单号"栏可以不填，本公司也可以自己填一个编号，如"8"，而不是教师用计算机上显示的那些订单编号。

因为公司目前没有出售库存产品，所以在示范年的公司运营流程表中的"出售库存/公司间交易"行和"1季"列交叉的单元格中打叉。

十八、应收款贴现

当公司存在应收账款时，才可能运行应收款贴现流程。当公司急需现金，而又无法通过其他的融资渠道筹集到现金时，为了避免破产倒闭，公司就必须运行"应收款贴现"流程。

公司目前的现金足够，因此不需要运行该流程。在示范年的公司运营流程表中的"应收款贴现"行和"1季"列交叉的单元格中打叉。

十九、缴纳违约订单罚款

公司年初竞单得到订单，有效期为当前会计年度。年度末，如果公司还存在没有交付的订单，那么公司就必须缴纳违约订单罚款。罚款以现金形式支付。缴纳完罚款后，该订单作废，订单中的数据不参与后续利润中的销售收入和直接成本的计算。

事实上，公司示范年只有一个订单，并且已经在第2季度就可以交货了。因此公司今年不需要运行该流程。在示范年的公司运营流程表中的"缴纳违约订单罚款"行和"1季"交叉的单元格中打叉。

二十、季末收入合计

在示范年的公司运营流程表中，有些流程只有第4季度才有，前三个季度是没有的。这些流程就是表中的灰色部分。这些流程分别是新市场开拓、ISO资格投资、支付设备维修费和计提折旧。

有可能带来季末收入的流程有：（1）"申请短期贷款"流程、（2）"更新应收款/应收款收现/追加权益"流程、（3）"按订单交货"流程、（4）"应收款贴现"流程、（5）"出售库存/公司间交易"流程。通常情况下，每个季度的收入是很有限的。

将公司运营流程表中第1季度中的，从"更新短期贷款/短期贷款还款付息"流程到"支付设备维修费"流程之间的所有正数金额相加，就得到第1季度的季末收入合计，包括本期申请短期贷款得到的现金金额。今年第1季度的季末收入合计为0M。在示范年的公司运营流程表中的"季末收入合计"行和"1季"列交叉的单元格中填写"0"。

二十一、季末支出合计

将公司运营流程表中第 1 季度的,从"更新短期贷款/短期贷款还款付息"流程到"支付设备维修费"流程之间的所有负数金额相加,就得到第 1 季度的季末支出合计。今年第 1 季度的季末支出合计=(-2)M+(-5)M+(-1)M+(-1)M+(-1)M=-10 M。在示范年的公司运营流程表中的"季末支出合计"行和"1 季"交叉的单元格中填写"-10"。

二十二、季末现金对账

将公司运营流程表中第 1 季度的"季初现金盘点"金额,加上第 1 季度的季末收入合计,再减去第 1 季度的季末支出合计,就得到第 1 季度的季末现金对账金额。即:季末现金对账=季初现金盘点+季末收入合计-季末支出合计。

今年第 1 季度的季末现金对账金额=14M+0M-10M=4M。在示范年的公司运营流程表中的"季末现金对账"行和"1 季"列交叉的单元格中填写"4"。

项目小结

示范年第 1 季度实训结束时的公司运营流程表如表 3-6 所示。

表 3-6 示范年第 1 季度实训结束时的公司运营流程表

周梅　　单位:百万元

序　号	手工操作流程	1 季	2 季	3 季	4 季
1	新年度规划会议	√			
2	广告投放	-1			
3	参加订货会/订单登记	√			
4	支付应付税	-1			
5	支付长贷利息	-4			
6	更新长期贷款/长期贷款还款	√(FY4-20,FY3-20)			
7	申请长期贷款	×			
8	季初现金盘点(请填余额)	14			
9	更新短期贷款/短期贷款还款付息	×			
10	申请短期贷款	×			
11	更新应付款/归还应付款	×			
12	原材料入库/更新原料订单	-2			
13	下原料订单	(2R1)			
14	购买(租用)厂房	×			
15	更新生产/完工入库	√			

续表

序　号	手工操作流程	1季	2季	3季	4季
16	新建/在建/转产/变卖生产线	−5，半			
17	紧急采购/公司间交易（随时进行）	×			
18	开始下一批生产	−1			
19	更新应收款/应收款收现/追加权益	√			
20	按订单交货	×			
21	厂房出售（自动转租）	×			
22	产品研发投资	−1			
23	支付管理费及其他	−1			
24	新市场开拓	/////	/////	/////	
25	ISO 资格投资	/////	/////	/////	
26	出售库存/公司间交易	×			
27	应收款贴现（随时）	×			
28	缴纳违约订单罚款	×			
29	支付设备维修费	/////	/////	/////	
30	季末收入合计	0			
31	季末支出合计	−10			
32	季末现金对账（8）+（30）−（31）	4			
33	年末计提折旧	/////	/////	/////	
34	年末现金余额（结账）	/////	/////	/////	

项目四

示范年第 2 季度公司运营

示范年第 2 季度的很多流程和第 1 季度相同，但是具体的实训数据不同，需要实时迭代更新。本项目重点阐述第 2 季度中与第 1 季度差别较大的流程和业务。

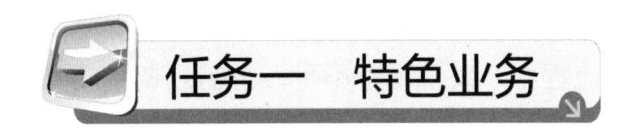

任务一　特色业务

一、季初现金盘点

实训案例 1：示范年第 2 季度季初对现金进行盘点。

案例解析：每个季度的季初都需要进行季初现金盘点，其目的是确保该时点的现金账实相符。这里的"账"特指公司运营流程表上"2 季"的"季初现金盘点"流程的对应单元格中所填写的数字。这里的"实"特指盘面上现金位置实际存在的币数。

只有确保现金账实相符，才可以进行下面的实训操作，否则就要寻找原因，改正错误，直到账实相符。

走盘步骤：

（1）盘账。在公司运营流程表上，第 2 季度的"季初现金盘点"金额=第 1 季度的"季末数额对账"金额=4M；

（2）盘库。清点此时盘面上现金的实际数额。如果第 1 季度的走盘没有错误的话，此时盘面上的现金桶里应该也是 4 个币。

记录步骤：在示范年的公司运营流程表中的"季初现金盘点"行和"2 季"列交叉的单元格内填写"4"。

二、申请短期贷款

根据公司今年的年度规划，可以申请短期贷款。公司第 1 季度的支出合计是 10M，第 2 季度季初现金余额为 4M，预计不足以支付整个第 2 季度的全部支出，因此需要申请短期贷款。短期贷款的最长账期是4Q，也就是4个季度（1年）。

流程案例2：示范年第2季度申请短期贷款。

案例解析：短期贷款的本金和贷款期限，需要综合考虑现金支出需求和利息支付情况。贷款本金越多，公司短期内的现金越充足，可以进行更多的投资，从而扩大生产、提高产能。但是贷款本金越多，将来还款时，需要支付的本金和利息也就越多。

由于在沙盘规则中，利息是向上取整的。比如计算精确结果即使是1.01M的利息，在实训中也需要实际支出2M的利息。因为20M×5%=1M，所以公司通常申请4个季度的短期贷款20个币，可以记为4Q-20M。

走盘步骤：

（1）从盘面外拿入20个币，装在一个空桶中，放在盘面内"短期贷款"区域中的"04"位置；

（2）从盘面外拿入20个币，装在另一个空桶中，放在盘面内的"现金"位置。

记录步骤：在示范年的公司运营流程表中的"申请短期贷款"行和"2季"列交叉的单元格中填写"20，4Q"。

如果在第2季度后面的流程中，发现现金不足，急需短期贷款时，还可以回来增加贷款本金，重做本流程，但不能跨季度。

三、原材料入库/更新原料订单

实训案例3：示范年第2季度原材料入库/更新原料订单。

案例解析：原材料必须严格按照订单数据和沙盘规则入库。原材料入库的种类和数量，必须要考虑前两个季度的原材料订单。对于R1、R2原材料，只需要考虑前一个季度的"下原料订单"流程中的数据。如果公司下了R3或者R4的采购订单，则需要考虑前两个季度的"下原料订单"流程中的R3和R4的数据。4种原材料的采购单价都是1M/个。

公司在示范年年初时，没有R3和R4的采购订单。在示范年第1季度，公司运营流程表中"下原料订单"流程中的填写的是"(2R1)"，即采购了2个R1原材料。

走盘步骤：

（1）观察盘面的"原料订单"区域：只有2个R1原材料，处在"R1"的位置。将这2个R1移动到"原料库"区域中"R1"位置；

（2）从现金桶里，拿出2个币，放到盘面外的现金桶里。

记录步骤：在示范年的公司运营流程表中的"原材料入库/更新原料订单"和"2季"列交叉的单元格中填写"-2"，表示此流程支出了2个币的现金。

四、开始下一批生产

实训案例4：示范年第2季度开始下一批生产。

案例解析：逐一检查"开始下一批生产"需要同时满足的三个条件。

（1）空白生产线。此时有2条空白生产线：1条手工线，1条半自动线，都可以投产2

个 P1 产品，满足条件。

（2）足够的原材料。目前公司只生产 P1 产品，根据产成品表中 P1 产品的 BOM（物料清单）可知，每生产 1 个 P1 产品，需要 1 个 R1 原材料。此时需要 2 个 R1 原材料，而原料库中有 6 个 R1 原材料，足够生产需求，满足条件。

（3）足够的现金。第 2 季度拟投产 2 个 P1 产品，需要 2M 现金来支付加工费，此时盘面上的现金超过 2M，满足条件。

走盘步骤：

（1）逐一检查以上 3 个条件，全部满足后，公司才可以运行"开始下一批生产"流程，投产 2 个 P1；

（2）从盘面上的现金桶里拿出 2 个币，交给盘面外，再从盘面外拿来 2 个白色的加工费；

（3）从盘面上的"原料库"区域的"R1"位置，拿来 2 个 R1 原材料，和刚才的加工费一起拼成 2 个 P1，分别放在 2 条空白生产线的"1Q"位置。

记录步骤：在示范年的公司运营流程表中的"开始下一批生产"行和"2 季"列交叉的单元格中填写"-2"，也可以详细填写上"-2，2P1"。

五、按订单交货

流程案例 5：示范年第 2 季度按订单交货。

案例解析：查看公司运营流程表下方的订单登记表可知，示范年本公司只有一个订单，即向本地客户交付 6 个 P1 产品，得到 2Q 的应收账款 37M。在完成第 2 季度的"更新生产/完工入库"流程后，公司产成品库中现在已经有 6 个 P1 产品，满足订单交付条件，可以按订单交货。尽早按订单交货，就可以回笼资金，满足或缓解企业紧张的现金支出需求。

走盘步骤：

（1）从盘面上的"产成品"区域中的"P1"位置，拿出 6 个 P1 产品，放置到"客户"区域中。请注意，不同订单交付的产品需要分开，码放整齐，便于清点和计算利润表中的直接成本；

（2）根据订单登记表中的总额数据，从盘面外拿入 37 个币，装在两个桶中，竖着放在盘面右下方"应收账款"区域的"二期"位置。

记录步骤：在示范年的公司运营流程表中的"按订单交货"行和"2 季"列交叉的单元格中打叉，表示不运行这个流程。

六、季末收入合计

流程案例 6：示范年第 2 季度季末收入合计。

案例解析：季末收入合计指的是本季度现金的流入合计，包括按订单交货得到的现金、之前的应收账款变现或贴现得到的现金流入，以及短期贷款得到的现金流入。

另外，由于特殊原因，如果公司本季度出售现有生产线，也可以得到现金流入。但是公司出售生产线的首要目的是新建更高级的生产线，如卖掉 3 条手工线，换成 3 条全自动或柔性生产线。此时通常直接走盘和记录现金的净流量，如支出 15M，收入 3M，现金净流量=-15M+3M=12M。直接在示范年的公司运营流程表中的"新建/在建/转产/变卖生产线"行的单元格中填写"-12"。此时，在"季末收入合计"中，不再考虑这个由出售生产线而得到的现金流入 3M。

将公司运营流程表中第 2 季度中的，从"更新短期贷款/短期贷款还款付息"流程到"支付设备维修费"流程之间的所有正数金额相加，就得到了第 2 季度的季末收入合计。即：示范年第 2 季度的季末收入合计=本期申请短期贷款得到的现金金额=20M。

走盘步骤：无。

记录步骤：在示范年的公司运营流程表中"季末收入合计"行和"2 季"列交叉的单元格中填写"20"。

七、季末支出合计

流程案例 7：示范年第 2 季度季末支出合计。

案例解析：将公司运营流程表中第 2 季度中的，从"更新短期贷款/短期贷款还款付息"流程到"支付设备维修费"流程之间的所有负数金额相加，就得到了第 2 季度的季末支出合计。即：示范年第 2 季度的季末支出合计=（-2）M+（-5）M+（-2）M+（-1）M+（-1）M=-11M。

走盘步骤：无。

记录步骤：在示范年的公司运营流程表中"季末支出合计"行和"2 季"列交叉的单元格中填写"-11"。

八、季末现金对账

流程案例 8：示范年第 2 季度季末现金对账。

案例解析：季末现金对账=季初现金盘点+季末收入合计-季末支出合计。示范年第 2 季度的季末现金对账金额=4M+20M-11M=13M。

走盘步骤：无。

记录步骤：在示范年的公司运营流程表中"季末现金对账"行和"2 季"列交叉的单元格中填写"13"。

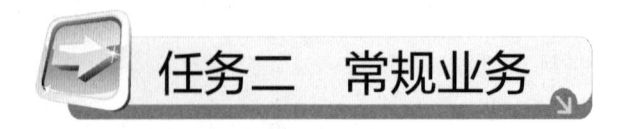

任务二　常规业务

一、更新短期贷款/短期贷款还款付息

由盘面可知，公司目前尚无短期贷款，因此无须更新短期贷款，也不存在短期贷款的还款付息业务。因此，在公司运营流程表中的"更新短期贷款/短期贷款还款付息"行和"2 季"列交叉的单元格中打叉。

二、更新应付款

在目前使用的实训版本中，通常都要求现金付款，因此不存在应付款，通常不需要运行此流程。在示范年公司运营流程表中的"更新应付款/归还应付款"行和"2 季"列交叉的单元格中打叉。

三、下原料订单

实训案例 1：示范年第 2 季度下原料订单。

案例解析：示范年第 2 季度下原料订单要根据全年的生产计划来落实。通常根据未来两个季度的生产投入量，来确定本期的原料下单品种和数量。对于初学者而言，原材料最好多备 1~2 个。经过学生讨论决定，本期下采购 1 个 R1 原材料订单。

走盘步骤：从盘面外拿入 1 个红色的 R1 原材料，放到"原料订单"区域中"R1"位置。

记录步骤：在示范年的公司运营流程表中的"下原料订单"行和"2 季"列交叉的单元格中填写"（1R1）"。

四、购买（租用）厂房

目前本公司只拥有大厂房。大厂房里已有 4 条生产线在用，还有 1 条在建的半自动生产线，另外还有 1 个空位待建生产线，因此公司目前不需要购买或租用小厂房。在示范年的公司运营流程表的"购买（租用）厂房"行和"2 季"列交叉的单元格中打叉。

五、更新生产/完工入库

实训案例 2：示范年第 3 季度更新生产/完工入库。

案例解析：本流程只能由一名同学独立完成。要严格按照从左往右、自上而下的顺序，依次对每条生产线上的在产品进行操作。每个在产品只能操作一次，不能重复，也不能遗漏。

走盘步骤：

（1）将"生产中心 大厂房"区域中第 1 排左边第 1 条手工线上的在产品 P1，由"2Q"移动到"3Q"的位置，这步操作称为"更新生产"；

（2）将"生产中心 大厂房"区域中第 1 排左边第 2 条手工线上的在产品 P1，由"3Q"移动到"成品库"区域的"P1"位置，这步操作称为"完工入库"；

（3）将"生产中心 大厂房"区域中第 1 排左边第 3 条手工线上的在产品 P1，由"1Q"移动到"2Q"的位置，这步操作称为"更新生产"；

（4）将"生产中心 大厂房"区域中第 2 排左边的半自动线上的在产品 P1，由"2Q"移动到"成品库"区域中"P1"的位置，这步操作称为"完工入库"。

记录步骤：在示范年的公司运营流程表的"更新生产/完工入库"行和"2 季"列交叉的单元格中打钩，也可以加上物流数据，如"√（2P1）"。

六、新建/在建/转产/变卖生产线

实训案例 3：示范年第 2 季度继续建设半自动生产线。

案例解析：根据年度规划，示范年第 1 季度开始新建一条半自动生产线。由于半自动生产线的建设（安装）周期是 2Q，即两个季度。现在是第 2 季度，公司应当继续建设那条半自动生产线。每条半自动生产线的总购置费用是 10M，购置费用按照安装进度平均支付，即每个季度支付 10M/2=5M。

走盘步骤：从盘面上的现金桶里拿出 5 个币，放在那条半自动生产线白面的右上角，码成一摞。

记录步骤：在示范年的公司运营流程表的"新建/在建/转产/变卖生产线"行与"2 季"列交叉的单元格中填写"-5"。此时不需要再写"半"字了。

如果示范年的第 2 季度现金不够，公司也可以选择暂停生产线的建设工作，等到资金到位后，继续建设。此时在建工程转入固定资产的时间也要顺延。

七、紧急采购/公司间交易

学生通常选择在每年第 4 季度的时候进行企业间交易，现在是第 2 季度，无须紧急采购，因此只在示范年的公司运营流程表的"紧急采购/公司间交易（随时进行）"行和"2 季"列交叉的单元格中打叉。

八、更新应收款/应收款收现/追加权益

实训案例 4：示范年第 2 季度更新应收款。

案例解析：示范年年初公司的应收款为 3Q-15M，第 1 季度该笔应收款更新到"二期"上，第 2 季度继续更新，应该更新到"一期"上。2 季度更新后，这笔应收款仍未到期，不能变成现金。

应收款本期更新后，如果变成了现金，则在公司运营流程表中直接填写现金金额，如果没有变成现金，只需打钩。

在实训中，没有特殊情况的时候，通常没有追加权益业务。有兴趣的学生，建议思考一下，能否拓展出这类业务。

走盘步骤：将盘面上的"应收账款"区域中的 15 个币，由原来"二期"的位置移动到"一期"的位置。

记录步骤：在示范年的公司运营流程表中的"更新应收款/应收款收现/追加权益"行与"2 季"列交叉的单元格中打钩。

九、厂房出售（自动转租）

除非公司急需现金、濒临破产，否则公司通常不会出售厂房和生产线。公司本年度规划

中也没有厂房出售和转租的计划，所以不运行该流程。在示范年的公司运营流程表中的"厂房出售（自动转租）"行和"2季"列交叉的单元格中打叉。

十、产品研发投资

实训案例5：示范年第2季度，公司继续研发P2产品。

案例解析：根据产成品表中的数据，P2产品需要研发4个季度，每个季度须投入现金1M。如果公司缺少足够的现金，可以短期贷款，也可以中断投资，顺延产品研发时间。

走盘步骤：从盘面上的现金桶里拿出1个币，放到刚才反扣着的P2生产资格标识上。如果走盘正确，此时的P2生产资格上应该有2个币。

记录步骤：在示范年的公司运营流程表中的"产品研发投资"行和"2季"列交叉的单元格中填写"-1"。

十一、支付管理费及其他

沙盘规则明确规定：每家公司每个季度支出管理费为1M。

从盘面上的现金桶里拿出1个币，放在盘面左上角"管理费用"区域的"管理费"位置。因此，在示范年的公司运营流程表中的"支付管理费及其他"行和"2季"列交叉的单元格中填写"-1"。

十二、出售库存/公司间交易

因为公司2季度按订单交货后，产成品库中已经空了，不可能出售库存，所以在示范年的公司运营流程表中的"出售库存/公司间交易"行和"2季"列交叉的单元格中直接打叉。

十三、应收款贴现

公司目前的现金足够，不需要贴现，因此在公司运营流程表中的"应收款贴现（随时）"行和"2季"列交叉的单元格中直接打叉。

十四、缴纳违约订单罚款

公司示范年总共只有一个订单，并且已经在本季度完成了，因此公司今年不存在违约订单，也就无须缴纳违约订单罚款。因此，在示范年的公司运营流程表的"缴纳违约订单罚款"行和"2季"列交叉的单元格中直接打叉。对于该流程的后面两个季度，现在也可以直接打叉。

项目小结

示范年第2季度实训结束时的公司运营流程表如表4-1所示。

表 4-1 示范年第 2 季度实训结束时的公司运营流程表

单位：百万元

序号	手工操作流程	1季	2季	3季	4季
1	新年度规划会议	√			
2	广告投放	−1			
3	参加订货会/订单登记	√			
4	支付应付税	−1			
5	支付长贷利息	−4			
6	更新长期贷款/长期贷款还款	√（FY4-20, FY3-20）			
7	申请长期贷款	×			
8	季初现金盘点（请填余额）	14	4		
9	更新短期贷款/短期贷款还款付息	×	×		
10	申请短期贷款	×	20, 4Q		
11	更新应付款/归还应付款	×	×		
12	原材料入库/更新原料订单	−2	−2		
13	下原料订单	（2R1）	（1R1）		
14	购买（租用）厂房	×	×		
15	更新生产/完工入库	√（1P1）	√（2P1）		
16	新建/在建/转产/变卖生产线	−5, 半	−5		
17	紧急采购/公司间交易（随时进行）	×	×		
18	开始下一批生产	−1	−2		
19	更新应收款/应收款收现/追加权益	√	√		
20	按订单交货	×	×		
21	厂房出售（自动转租）	×	×		
22	产品研发投资	−1	−1		
23	支付管理费及其他	−1	−1		
24	新市场开拓				
25	ISO 资格投资				
26	出售库存/公司间交易	×	×		
27	应收款贴现（随时）	×	×		
28	缴纳违约订单罚款	×	×		
29	支付设备维修费				
30	季末收入合计	0	20		
31	季末支出合计	−10	−11		
32	季末现金对账（8）+（30）−（31）	4	13		
33	年末计提折旧				
34	年末现金余额（结账）				

项目五

示范年第 3 季度公司运营

示范年第 3 季度的很多流程和第 2 季度相同，但是具体的实训数据仍然需要动态迭代更新。本项目重点阐述第 3 季度中与第 1 季度、第 2 季度差别较大的流程和业务。

任务一 特色业务

一、更新短期贷款/短期贷款还款付息

实训案例 1：示范年第 3 季度更新短期贷款/短期贷款还款付息。

案例解析：由盘面可知，公司目前存在一笔四账期的短期贷款，需要运行更新短期贷款流程。公司目前不存在到期的短期贷款，因此本季度无须执行短期贷款还款付息流程。

短期贷款的更新都是向着现金的方向移动的，更新的尽头就是到期还款付息。事实上，所有款项更新的方向，都是离现金越来越近的。款项更新的尽头，就是到期。

走盘步骤：将盘面上"短期贷款"区域中"04"位置的实训币放置到"03"位置。

记录步骤：在示范年的公司运营流程表中的"更新短期贷款/短期贷款还款付息"行和"3季"列交叉的单元格中打钩。

二、在建工程转入固定资产

实训案例 2：示范年第 3 季度半自动生产线建成，转入固定资产。

案例解析：根据年度规划，示范年第 1 季度开始，新建一条半自动生产线。由于半自动生产线的建设（安装）周期是两个季度。而现在是第 3 季度，这条半自动生产线已经安装结束，需要由自建工程转入固定资产。

走盘步骤：

（1）从盘面外拿入一个空桶，将半自动生产线白面上的实训币全部放入桶中，一共是 10 个币，将桶放在"净值"的位置；

（2）将这条半自动线翻面，使有字的那一面向上，放在同一位置。

记录步骤：在示范年的公司运营流程表中的"新建/在建/转产/变卖生产线"行与"3季"列交叉的单元格中打钩。

三、开始下一批生产

实训案例 3：示范年第 3 季度开始下一批生产。

案例解析：需要注意的是，刚刚建成、由在建工程转入固定资产的那条半自动生产，现在可以参与"开始下一批生产"流程。

逐一检查"开始下一批生产"需要同时满足的三个条件，具体如下。

（1）空白生产线。此时有 2 条空白生产线：第 1 条是第 1 排最左边的手工线，第 2 条就是刚刚建成的半自动线。满足条件。

（2）足够的原材料。要投产 2 个 P1 产品，需要 2 个 R1 原材料，而此时原料库中有 5 个 R1 原材料，足够生产需求。满足条件。

（3）足够的现金。3 季度拟投产 2 个 P1 产品，需要 2M 的加工费，此时盘面上的现金超过 2M。满足条件。

走盘步骤：

（1）逐一检查以上三个条件，全部满足，公司此时可以运行"开始下一批生产"流程，投产 2 个 P1；

（2）从盘面上的现金桶里拿出 2 个币，交给盘面外，再从盘面外拿入 2 个白色的加工费；

（3）从盘面上的"原料库"区域的"R1"位置拿来 2 个 R1 原材料，和刚才的加工费一起拼成 2 个 P1，分别放在 2 条空白生产线的"1Q"位置。

记录步骤：在示范年的公司运营流程表中的"开始下一批生产"行和"3 季"列交叉的单元格中填写"-2"，也可以详细填写为"-2，2P1"。

四、更新应收款/应收款收现

实训案例 4：示范年第 3 季度更新应收款/应收款收现。

案例解析：公司目前有两笔应收账款。

（1）示范年年初公司的应收款为 3Q-15M，第 1 季度该笔应收款更新到"二期"上，第 2 季度继续更新，应该更新到"一期"上。现在是第 3 季度，这笔应收账款应该到期，变成现金。

（2）第 2 季度公司"按订单交货"产生的应收账款 2Q-37M。在第 3 季度应该更新为 1Q-37M。

走盘步骤：

（1）将盘面右下角的"应收账款"区域的"一期"位置的 15 个币移动到"现金"的位置；

（2）将"应收账款"区域的"二期"位置的 37 个币移动到"一期"的位置。

记录步骤：在示范年的公司运营流程表中的"更新应收款/应收款收现/追加权益"行与"3季"列交叉的单元格中填写"15"。

任务二 常规业务

一、季初现金盘点

实训案例1：示范年第3季度季初对现金进行盘点。

案例解析：每个季度的季初都需要进行季初现金盘点，确保现金账实相符。

走盘步骤：

（1）盘账。在公司运营流程表上，第3季度的"季初现金盘点"金额=第2季度的"季末数额对账"金额=13M；

（2）盘库。清点此时盘面上现金的实际数额。如果第2季度的走盘没有错误的话，此时盘面上的现金桶里应该也是13个币。

记录步骤：在示范年的公司运营流程表中的"季初现金盘点（请填余额）"行和"3季"列交叉的单元格内填写"13"。

二、申请短期贷款

流程案例2：示范年第3季度申请短期贷款。

案例解析：根据公司的年度规划，每个季度都可以申请短期贷款。公司是否申请，取决于对公司本季度的现金收支分析和预测。本公司示范年第1季度现金支出10M，第2季度现金支出11M。第3季度的现金支出会减少一项，即建设半自动线的5M，但也会相应增加新投入使用的生产线的加工费支出1M。综合以上情况，第3季度的现金支出应该在11M-5M+1M=7M左右。因此，第3季度初现金余额为13M，再加上应收款到期变现的15M，预计足够支出。因此，第3季度无须短期贷款。

走盘步骤：无。

记录步骤：在示范年的公司运营流程表中的"申请短期贷款"行和"3季"列交叉的单元格中打叉。

如果在第3季度后面的流程中，发现现金不足，急需短期贷款时，还可以回来申请短期贷款，但要在同一季度内。

三、更新应付款

在实训中，如无特别说明都要求现金付款。因此无须运行此流程，直接在示范年公司运营流程表的"更新应付款/归还应付款"行和"3季"列交叉的单元格中打叉。

四、原材料入库/更新原料订单

实训案例3：示范年第3季度原材料入库/更新原料订单。

案例解析：由于公司本年度只拥有P1产品的生产资格，而生产P1产品只需要R1原材料，不需要R3或R4原材料。因此，示范年的运营可以不涉及R3或R4的原材料的采购、更新和入库。

走盘步骤：

（1）观察盘面的"原料订单"区域：只有1个R1原材料处在"R1"的位置。将这个R1移动到"原料库"区域中"R1"位置；

（2）从现金桶里拿出1个币，放到盘面外的现金桶里。

记录步骤：在示范年的公司运营流程表中的"原材料入库/更新原料订单"和"3季"列交叉的单元格中，填写"-1"。

五、下原料订单

鉴于此时原料库中已经有5个R1原材料，估计能满足到本年末的生产需要。公司成员讨论决定，示范年第3季度不下原料订单。在示范年的公司运营流程表中的"下原料订单"行和"3季"列交叉的单元格中直接打叉。

六、购买（租用）厂房

目前本公司只拥有大厂房。大厂房里已有4条生产线在用，还有1条在建的半自动生产线，另外还有1个空位待建生产线，因此公司目前不需要购买或租用小厂房。在示范年的公司运营流程表中的"购买（租用）厂房"行和"3季"列交叉的单元格中打叉。

七、更新生产/完工入库

实训案例4：示范年第3季度更新生产/完工入库。

走盘步骤：

（1）将"生产中心　大厂房"区域中第1排左边第1条手工线上的在产品P1，由"3Q"移动到"成品库"区域的"P1"的位置；

（2）将"生产中心　大厂房"区域中第1排左边第2条手工线上的在产品P1，由"1Q"移动到"2Q"位置；

（3）将"生产中心　大厂房"区域中第1排左边第3条手工线上的在产品P1，由"2Q"移动到"3Q"的位置；

（4）将"生产中心　大厂房"区域中第2排左边的半自动线上的在产品P1，由"1Q"移动到"2Q"的位置。

记录步骤：在示范年的公司运营流程表中的"更新生产/完工入库"行和"3季"列交叉的单元格中打钩，也可以加上物流数据，如"√（1P1）"。

八、紧急采购/公司间交易

学生通常都选择在每年第 4 季度的时候进行企业间交易，现在是第 3 季度，无须紧急采购。因此，只在示范年的公司运营流程表中的"紧急采购/公司间交易（随时进行）"行和"3 季"列交叉的单元格中打叉。

九、按订单交货

查看公司运营流程表下方的订单登记表可知，示范年本公司只有一个订单，第 2 季度就已经按订单交货了。因此，在示范年的公司运营流程表中的"按订单交货"行和"3 季"列交叉的单元格中直接打叉。

十、厂房出售（自动转租）

除非公司急需现金、濒临破产，否则公司通常不会出售厂房和生产线。公司本年度规划中也没有厂房出售和转租的计划，所以不运行该流程。在示范年的公司运营流程表中的"厂房出售（自动转租）"行和"3 季"列交叉的单元格中打叉。

十一、产品研发投资

实训案例 5：示范年第 3 季度，公司继续研发 P2 产品。

案例解析：P2 产品需要研发 4 个季度，每个季度投入现金 1M。

走盘步骤：从盘面上的现金桶里拿出 1 个币，放到刚才反扣着的 P2 生产资格标识上。如果走盘正确，此时的 P2 生产资格上，应该有 3 个币。

记录步骤：在示范年的公司运营流程表中的"产品研发投资"行和"3 季"列交叉的单元格中填写"-1"。

十二、支付管理费及其他

每家公司每个季度支出的管理费为 1M。从盘面上的现金桶里拿出 1 个币，放在盘面左上角"管理费用"区域的"管理费"位置。如果走盘正确，此时的"管理费"位置应该有 3 个币。

在示范年的公司运营流程表中的"支付管理费及其他"行和"3 季"列交叉的单元格中填写"-1"。

十三、出售库存/公司间交易

目前公司的成品库中有 1 个 P1 产品。由于今年的订单已经全部完成，因此可以出售库存。但是考虑到产品明年还可以接单销售，销售价格很可能高于出售库存产品的金额。因此公司讨论决定，不出售库存。

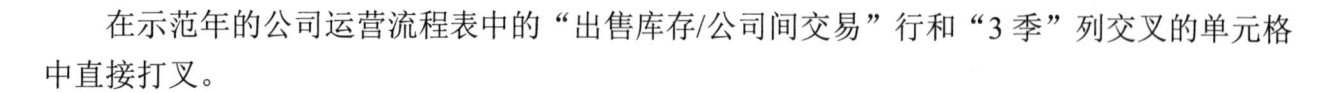

十四、应收款贴现

公司目前的现金足够,不需要贴现,因此在示范年的公司运营流程表中的"应收款贴现(随时)"行和"3 季"列交叉的单元格中直接打叉。

十五、缴纳违约订单罚款

公司示范年总共只有 1 个订单,并且已经在第 2 季度完成了,因此公司今年不存在违约订单,也就无须缴纳违约订单罚款。因此,在示范年的公司运营流程表中的"缴纳违约订单罚款"行和"3 季"列交叉的单元格中直接打叉。

十六、季末收入合计

流程案例 6:示范年第 3 季度季末收入合计。

案例解析:本季度有一笔现金收入,就是应收款变现的 15M。将公司运营流程表中第 3 季度中的,从"更新短期贷款/短期贷款还款付息"流程到"支付设备维修费"流程之间的所有正数金额相加,就得到了第 3 季度的季末收入合计。示范年第 3 季度的季末收入合计=应收款收现=15M。

走盘步骤:无。

记录步骤:在示范年的公司运营流程表中的"季末收入合计"行和"3 季"列交叉的单元格中填写"15"。

十七、季末支出合计

流程案例 7:示范年第 3 季度季末支出合计。

案例解析:将公司运营流程表中第 3 季度中的,从"更新短期贷款/短期贷款还款付息"流程到"支付设备维修费"流程之间的所有负数金额相加,就得到了第 3 季度的季末支出合计。

示范年第 3 季度的季末支出合计=(-1)M+(-2)M+(-1)M+(-1)M=-5M。

走盘步骤:无。

记录步骤:在示范年的公司运营流程表中的"季末支出合计"行和"3 季"列交叉的单元格中填写"-5"。

十八、季末现金对账

流程案例 8:示范年第 3 季度季末现金对账。

案例解析:季末现金对账=季初现金盘点+季末收入合计-季末支出合计。示范年第 3 季度的季末现金对账金额=13M+15M-5M=23M。

走盘步骤：无。

记录步骤：在示范年的公司运营流程表中的"季末现金对账"行和"3 季"列交叉的单元格中填写"23"。

项目小结

示范年第 3 季度实训结束时的公司运营流程表如表 5-1 所示。

表 5-1 示范年第 3 季度实训结束时的公司运营流程表

单位：百万元

序号	手工操作流程	1 季	2 季	3 季	4 季
1	新年度规划会议	√			
2	广告投放	−1			
3	参加订货会/订单登记	√			
4	支付应付税	−1			
5	支付长贷利息	−4			
6	更新长期贷款/长期贷款还款	√（FY4-20，FY3-20）			
7	申请长期贷款	×			
8	季初现金盘点（请填余额）	14	4	13	
9	更新短期贷款/短期贷款还款信息	×	×	√	
10	申请短期贷款	×	20，4Q	×	
11	更新应付款/归还应付款	×	×	×	
12	原材料入库/更新原料订单	−2	−2	−1	
13	下原料订单	(2R1)	(1R1)	×	
14	购买（租用）厂房	×	×	×	
15	更新生产/完工入库	√（1P1）	√（2P1）	√（1P1）	
16	新建/在建/转产/变卖生产线	−5，半	−5	√	
17	紧急采购/公司间交易（随时进行）	×	×	×	
18	开始下一批生产	−1	−2	−2	
19	更新应收款/应收款收现/追加权益	√	√	15	
20	按订单交货	×	×	×	
21	厂房出售（自动转租）	×	×	×	
22	产品研发投资	−1	−1	−1	
23	支付管理费及其他	−1	−1	−1	
24	新市场开拓				
25	ISO 资格投资				
26	出售库存/公司间交易	×	×	×	

续表

序　号	手工操作流程	1季	2季	3季	4季
27	应收款贴现（随时）	×	×	×	
28	缴纳违约订单罚款	×	×	×	
29	支付设备维修费	/////	/////	/////	
30	季末收入合计	0	20	15	
31	季末支出合计	-10	-11	-5	
32	季末现金对账（8）+（30）-（31）	4	13	23	
33	年末计提折旧	/////	/////	/////	
34	年末现金余额（结账）	/////	/////	/////	

项目六

示范年第 4 季度公司运营

示范年第 4 季度的很多流程和第 3 季度相同,但是具体的实训数据不同,本项目重点阐述第 4 季度中与前 3 个季度差别较大的流程和业务。

任务一　特色业务

一、新市场开拓

实训案例 1:开发区域市场。

案例解析:学生刚刚接手公司时,公司只拥有本地市场,其他 4 个市场都为新市场,有待开发。根据公司运营流程表中的顺序,新市场开拓流程在每年的第 4 季度执行。

为了实训的便利,假设 5 个市场(本地、区域、国内、亚洲、国际)的开拓相互独立,这样公司就可以同时开发多个市场。各个市场的开拓,在时间上也没有先后顺序的限制。

根据公司示范年的年度规划会议,今年公司拟开发区域市场,查阅前面的规则部分可知,区域市场需要开发 1 年,投资 1M。

走盘步骤:

(1)从盘面外拿来 1 个写着"区域"市场标识,白面向上,反扣在盘面右上角的"市场开发"区域的"区域"位置;

(2)从现金桶里拿出 1 个币,放到盘面上的"市场开发"区域的"区域"位置。

记录步骤:在示范年的公司运营流程表中的"新市场开拓"行和"4 季"列交叉的单元格内填写"-1",也可以详细填写为"-1 区域"。

二、ISO 资格投资

1. 资格介绍

(1)ISO9000 质量管理体系资格认证。ISO9000 质量管理体系是国际标准化组织(ISO)

制定的国际标准之一，是指由国际标准化组织质量管理和质量保证技术委员会制定的所有国际标准。ISO9000 标准是从顾客角度看问题的，顾客希望企业有预防问题发生的能力，所以这是顾客选择供方的一个考虑因素。

公司申请 ISO9000 认证须具备以下基本条件：具备独立的法人资格或经独立的法人授权的组织；按照 ISO9001：2015 标准的要求建立文件化的质量管理体系；已经按照文件化的体系运行三个月以上，并在进行认证审核前按照文件的要求进行了至少一次管理评审和内部质量体系审核。

（2）ISO14000 系列资格认证。ISO14000 系列标准是顺应国际环境保护的开展，依据国际经济贸易开展的需要，由国际化标准组织（ISO）具体全球环境管理及标准化方面的专家，在总结全世界环境管理科学经验基础上制定并正式发布的一套环境管理的国际标准。该标准体系涉及环境管理、环境审核、环境标志、生命期评价等国际环境领域的诸多焦点问题。

2．接单要求

在沙盘管理软件中，通常从第 3 年初的市场竞单开始，有的订单要求接单的公司必须具有 ISO9000 或者 ISO14000 资格认证中的一个或两个。图 6-1 中的"9K"代表 ISO9000 资格，"14K"代表 ISO14000 资格。图 6-1 表示同时具备了 ISO9000 和 ISO14000 两种资格认证的 U1 公司，通过市场竞单，接下了此订单。

3	
单号	5CP40308
数量	1
单价	16.1
总额	16
账期	2
交货期	
认证	9K,14K
公司	U1

图 6-1 有 ISO 资格认证要求的订单

3．实训场景

学生刚刚接手公司时，公司没有获得 ISO9000 资格认证，也没有获得 ISO14000 资格认证。按照公司示范年的年度规划，今年不进行这两种资格的认证投资。

在示范年的公司运营流程表中的"ISO 资格投资"行和"4 季"列交叉的单元格内直接打叉。

三、支付设备维修费

实训案例 2：示范年第 4 季度支付设备维修费。

案例解析：根据沙盘规则，公司在每年的第 4 季度支付设备的维修费。实训中的设备就是指处于"生产中心"区域中的生产线，包括大厂房中的生产线和小厂房中的生产线。不分类型，每条生产线每年的维修费都是 1M，用现金支付。

处于在建工程状态的生产线不需要支付维修费。需要支付维修费的生产线包括以下三种情况：

（1）正在生产的生产线；

（2）空闲的或者停工待料的生产线；

（3）转产中的生产线。

示范年第 4 季度，公司目前大厂房中共有 5 条生产线，这 5 条生产线都需要支付设备维修费，共计支付维修费为 5M。

走盘步骤：从现金桶里拿出 5 个币，放到盘面上的"管理费用"区域的"维修费"位置。

记录步骤：在示范年的公司运营流程表中的"支付设备维修费"行和"4 季"列交叉的单元格内填写"-5"。

四、计提折旧

实训案例 3：示范年年末计提折旧。

案例解析：

（1）折旧计提范围。生产线计提折旧，厂房不计提折旧；

（2）折旧计提频率。为了实训的简便，每年计提一次折旧，在年末进行；

（3）折旧计提方法。采用平均年限法（直线法），根据前面的生产折旧表格中的数据计算；

（4）具体计算过程如下。

第一，3 条手工线。当前净值为 3M>残值 1M，所以应该计提折旧。每条手工线计提 1M 的折旧，小计 3M。

第二，第二排左边年初就存在的半自动线。当前净值为 4M>残值 2M，所以应该计提折旧。这条半自动线计提 2M 的折旧。

第三，第二排右边今年新建成的半自动线。建成的当年不提折旧，下一年开始计提折旧。这条半自动线计提 0M 的折旧。

第四，折旧合计金额=3M+2M+0M=5M。计提折旧无须支付现金，折旧额从净值中扣除。

走盘步骤：

（1）从盘面上的 3 条手工线的净值中各拿出 1 个币，小计 3 个币；

（2）从第二排左边年初就存在的半自动线的净值中，拿出 2 个币，此时共计 5 个币；

（3）将这 5 个币放到盘面上的"折旧"位置。

记录步骤：在示范年的公司运营流程表中的"年末计提折旧"行和"4 季"列交叉的单元格内填写"(5)"。请注意，不能写成"-5"，因为计提折旧不用支出现金。

五、年末现金余额（结账）

结账是指在会计期末，本期发生的全部经济业务登记入账的基础上，计算并记录本期发生额和期末余额后，将余额结转下期或新的账簿，使各账户记录暂告一个段落的会计行为。

在本实训中的公司运营流程表中，结账流程只需要结算出本年末的现金余额即可，由于计提折旧不支付现金，因此"年末现金余额（结账）"金额=第 4 季度末的"季末现金对账"

金额。在示范年的公司运营流程表中的"年末现金余额（结账）"行和"4 季"列交叉的单元格内填写"50"。

任务二　常规业务

一、季初现金盘点

实训案例 1：示范年第 4 季度季初对现金进行盘点。

走盘步骤：

（1）盘账。在公司运营流程表上，第 4 季度的"季初现金盘点"金额=第 3 季度的"季末现金对账"金额=23M。

（2）盘库。清点此时盘面上现金的实际数额。如果第 3 季度的走盘没有错误的话，此时盘面上的现金桶里应该也是 13 个币。

走盘步骤：无。

记录步骤：在示范年的公司运营流程表中的"季初现金盘点（请填余额）"行和"4 季"列交叉的单元格内填写"23"。

二、更新短期贷款/短期贷款还本付息

实训案例 2：示范年第 4 季度更新短期贷款/短期贷款还本付息。

案例解析：由盘面可知，公司第 3 季度末存在一笔四账期的短期贷款 20M，需要运行更新短期贷款流程。公司目前不存在到期的短期贷款，因此第 4 季度无须执行短期贷款还本付息流程。

走盘步骤：将盘面上"短期贷款"区域中"03"位置的实训币移动到"02"位置。

记录步骤：在示范年的公司运营流程表中的"更新短期贷款/短期贷款还款付息"行和"4 季"列交叉的单元格中打钩。因为是本年度的最后一个季度了，也可以详细写成"√（4Q-20M）"，如果年末存在多笔应收账款的话，可以写出全部的应收账款账期和本金。各笔短期贷款之间用逗号隔开，比如"√（4Q-12M，2Q-20M，1Q-37M）"。这样详细的记录，便于下一年年初摆盘时读取盘面全部应收账款的明细数据。

三、申请短期贷款

根据公司的年度规划，每个季度都可以申请短期贷款。公司是否申请，取决于对公司本季度的现金收支分析和预测。本公司示范年第 1 季度现金支出 10M，第 2 季度现金支出 11M，第 3 季度现金支出 5M。与前 3 个季度相比，第 4 季度的现金支出将会增加设备维修费和新市场开拓支出。但是考虑到第 4 季度将有一笔 37M 的应收账款到期变现，这笔现金流入足以满足现金支出增加的需求。

因此，公司第 4 季度无须短期贷款。在示范年的公司运营流程表中的"申请短期贷款"行和"4 季"列交叉的单元格中打叉。

四、更新应付款

在实训中，如无特别说明，都要求现金付款。因此无须运行此流程，直接在示范年公司运营流程表的"更新应付款/归还应付款"行和"4 季"列交叉的单元格中打叉。

五、原材料入库/更新原料订单

实训案例 3：示范年第 4 季度原材料入库/更新原料订单。

案例解析：由盘面或者公司运营流程表中的数据可知，公司第 3 季度没有下原料订单，目前的原料订单区域空白，因此第 4 季度，公司无须执行原材料入库/更新原料订单流程。

走盘步骤：无。

记录步骤：直接在示范年的公司运营流程表中的"原材料入库/更新原料订单"和"4 季"列交叉的单元格中打叉。

六、下原料订单

实训案例 4：示范年第 4 季度下原料订单。

案例解析：生产线上第 4 季度预计有 2 个 P1 完工入库，需要新投产 2 个 P1，由此推断出第 4 季度生产需要领用 2 个 R1 原材料。示范年第 4 季度初的原料库里已经有 3 个 R1 原材料，满足第 4 季度生产需要。结合公司的产品研发战略，在下一个季度，公司就可以获得 P2 产品的生产资格，生产 P2 产品。根据 P2 产品的物料清单，公司成员讨论决定，示范年第 4 季度下原料订单（2R1，2R2）。

走盘步骤：从盘面外拿入 2 个 R1 和 2 个 R2 原材料，分别放在盘面上"原料订单"区域中的"R1"和"R2"位置。

记录步骤：在示范年的公司运营流程表中的"下原料订单"行和"4 季"列交叉的单元格中填写"（2R1，2R2）"。

七、购买（租用）厂房

目前本公司只拥有大厂房。大厂房里已有 5 条生产线在用，另外还有 1 个空位待建生产线，因此公司目前不需要购买或租用小厂房。直接在示范年的公司运营流程表的"购买（租用）厂房"行和"4 季"列交叉的单元格中打叉。

八、更新生产/完工入库

实训案例 5：示范年第 4 季度更新生产/完工入库。

走盘步骤：

（1）将"生产中心 大厂房"区域中第1排左边第1条手工线上的在产品P1，由"1Q"移动到"2Q"位置；

（2）将"生产中心 大厂房"区域中第1排左边第2条手工线上的在产品P1，由"2Q"移动到"3Q"位置；

（3）将"生产中心 大厂房"区域中第1排左边第3条手工线上的在产品P1，由"3Q"移动到"成品库"区域中的"P1"位置；

（4）将"生产中心 大厂房"区域中第2排左边的半自动线上的在产品P1，由"2Q"移动到"成品库"区域中的"P1"位置。

记录步骤：在示范年的公司运营流程表中的"更新生产/完工入库"行和"4季"列交叉的单元格中打钩，也可以加上物流数据，如"√（2P1）"。

九、新建/在建/转产/变卖生产线

示范年第3季度半自动生产线已经建成，并转入固定资产。因此第4季度，公司无须执行本流程，直接在示范年的公司运营流程表中的"新建/在建/转产/变卖生产线"行与"4季"列交叉的单元格中打叉。

十、开始下一批生产

实训案例6：示范年第4季度开始下一批生产。

案例解析：逐一检查"开始下一批生产"需要同时满足的三个条件。

（1）空白生产线。此时有2条空白生产线：第1条是第1排最右边的手工线，第2条是示范年初就存在的半自动线。满足条件。

（2）足够的原材料。要投产2个P1产品，需要2个R1原材料，而此时原料库中有3个R1原材料，满足生产需求。满足条件。

（3）足够的现金。第4季度拟投产2个P1产品，需要2M的加工费，此时盘面上的现金有23M，超过2M。满足条件。

走盘步骤：

（1）逐一检查以上三个条件，全部满足条件后，公司可以运行"开始下一批生产"流程，投产2个P1；

（2）从盘面上的现金桶里拿出2个币，交给盘面外，再从盘面外拿来2个白色的加工费；

（3）从盘面上的"原料库"区域的"R1"位置，拿入2个R1原材料，和刚才的加工费一起拼成2个P1，分别放在2条空白生产线的"1Q"位置。

记录步骤：在示范年的公司运营流程表中的"开始下一批生产"行和"4季"列交叉的单元格中填写"-2"，也可以详细填写成"-2，2P1"。

十一、紧急采购/公司间交易

学生通常选择在每年第 4 季度的时候才发生企业间交易。但由于今年是示范年，没有发生企业间交易，因此在示范年的公司运营流程表的"紧急采购/公司间交易（随时进行）"行和"4 季"列交叉的单元格中打叉。

十二、应收款收现

实训案例 7：示范年第 4 季度更新应收款。

案例解析：公司示范年初的应收款为 3Q-15M。在第 3 季度，这笔应收账款到期，已变成现金。因此公司目前只有 1 笔应收账款，即公司第 2 季度"按订单交货"流程产生的应收账款 2Q-37M。这笔应收账款在第 3 季度变成"一期"，现在是第 4 季度，该笔应收账款应该到期，变成现金。

走盘步骤：将盘面右下角的"应收账款"区域中的 37 个币，由原来"一期"的位置移动到"现金"的位置。

记录步骤：在示范年的公司运营流程表中的"更新应收款/应收款收现/追加权益"行与"3 季"列交叉的单元格中填写"37"。

十三、按订单交货

查看公司运营流程表下方的订单登记表可知，示范年本公司只有一个订单，第 2 季度就已经按订单交货了。因此，在示范年的公司运营流程表的"按订单交货"行和"4 季"列交叉的单元格中直接打叉。

十四、厂房出售（自动转租）

除非公司急需现金、濒临破产，否则公司通常不会出售厂房和生产线。公司本年度规划中也没有厂房出售和转租的计划，所以不运行该流程。因此，在示范年的公司运营流程表的"厂房出售（自动转租）"行和"4 季"列交叉的单元格中打叉。

十五、产品研发投资

实训案例 8：示范年第 4 季度，公司继续研发 P2 产品。

案例解析：P2 产品需要研发 4 个季度，每个季度投入现金 1M。

走盘步骤：从盘面上的现金桶里拿出 1 个币，放到刚才反扣着的 P2 生产资格标识上。如果走盘正确，此时的 P2 生产资格上应该有 4 个币。

记录步骤：在示范年的公司运营流程表中的"产品研发投资"行和"4 季"列交叉的单元格中填写"-1"。

十六、支付管理费及其他

每家公司每个季度支出管理费为 1M。从盘面上的现金桶里拿出 1 个币，放在盘面左上角"管理费用"区域的"管理费"位置。如果走盘正确，此时的"管理费"位置应该有 4 个币。因此，在示范年的公司运营流程表中的"支付管理费及其他"行和"4 季"列交叉的单元格中填写"-1"。

十七、出售库存/公司间交易

目前公司的成品库中有 1 个 P1 产品。由于今年的订单已经全部完成，可以出售库存。但是考虑到产品明年还可以接单销售，销售价格很可能高于出售库存产品的金额。因此公司讨论决定，第 4 季度不出售库存。因此，在示范年的公司运营流程表中的"出售库存/公司间交易"行和"4 季"列交叉的单元格中直接打叉。

十八、应收款贴现

公司目前的现金足够，不需要贴现，因此在示范年的公司运营流程表中的"应收款贴现（随时）"行和"4 季"列交叉的单元格中直接打叉。

十九、缴纳违约订单罚款

公司示范年总共只有 1 个订单，并且已经在第 2 季度完成了，公司今年不存在违约订单，也就无须缴纳违约订单罚款。因此，在示范年的公司运营流程表中的"缴纳违约订单罚款"行和"4 季"列交叉的单元格中直接打叉。

二十、季末收入合计

实训案例 9：示范年第 4 季度季末收入合计。

案例解析：本季度有一笔现金收入，就是应收款变现的 37M。将公司运营流程表中第 4 季度中的，从"更新短期贷款/短期贷款还款付息"流程到"支付设备维修费"流程之间的所有正数金额相加，就得到了第 4 季度的季末收入合计。示范年第 4 季度的季末收入合计=应收款收现=37M。

走盘步骤：无。

记录步骤：在示范年的公司运营流程表中的"季末收入合计"行和"4 季"列交叉的单元格中填写"37"。

二十一、季末支出合计

流程案例 10：示范年第 4 季度季末支出合计。

案例解析：将公司运营流程表中第 4 季度中的，从"更新短期贷款/短期贷款还款付息"

流程到"支付设备维修费"流程之间的所有负数金额相加，就得到了第 4 季度的季末支出合计。

示范年第 4 季度的季末支出合计=开始下一批生产+产品研发投资+支付管理费及其他+新市场开拓+支付设备维修费，即（-2）M+（-1）M+（-1）M+（-1）M+（-5）M+=-10M。

走盘步骤：无。

记录步骤：在公司运营流程表中的"季末支出合计"行和"4 季"列交叉的单元格中填写"-10"。

二十二、季末现金对账

流程案例 11：示范年第 4 季度季末现金对账。

案例解析：季末现金对账=季初现金盘点+季末收入合计-季末支出合计。示范年第 4 季度的季末现金对账金额=23M+37M-10M=50M。

走盘步骤：无。

记录步骤：在示范年的公司运营流程表中的"季末现金对账"行和"4 季"列交叉的单元格中填写"50"。

项目小结

示范年第 4 季度实训结束时的公司运营流程表如表 6-1 所示。

表 6-1　示范年第 4 季度实训结束时的公司运营流程表

单位：百万元

序　号	手工操作流程	1 季	2 季	3 季	4 季
1	新年度规划会议	√			
2	广告投放	-1			
3	参加订货会/订单登记	√			
4	支付应付税	-1			
5	支付长贷利息	-4			
6	更新长期贷款/长期贷款还款	√（FY4-20，FY3-20）			
7	申请长期贷款	×			
8	季初现金盘点（请填余额）	14	4	13	23
9	更新短期贷款/短期贷款还款付息	×	×	√	√（4Q-20M）
10	申请短期贷款	×	20，4Q	×	×
11	更新应付款/归还应付款	×	×	×	×
12	原材料入库/更新原料订单	-2	-2	-1	×
13	下原料订单	(2R1)	(1R1)	×	(2R1，2R2)

续表

序号	手工操作流程	1季	2季	3季	4季
14	购买（租用）厂房	×	×	×	×
15	更新生产/完工入库	√（1P1）	√（2P1）	√（1P1）	√（2P1）
16	新建/在建/转产/变卖生产线	−5，半	−5	√	×
17	紧急采购/公司间交易（随时进行）	×	×	×	×
18	开始下一批生产	−1	−2	−2	−2
19	更新应收款/应收款收现/追加权益	√	√	15	37
20	按订单交货	×	×	×	×
21	厂房出售（自动转租）	×	×	×	×
22	产品研发投资	−1	−1	−1	−1
23	支付管理费及其他	−1	−1	−1	−1
24	新市场开拓				−1区域
25	ISO资格投资				×
26	出售库存/公司间交易	×	×	×	×
27	应收款贴现（随时）	×	×	×	×
28	缴纳违约订单罚款	×	×	×	×
29	支付设备维修费				−5
30	季末收入合计	0	20	15	37
31	季末支出合计	−10	−11	−5	−10
32	季末现金对账（8）+（30）−（31）	4	13	23	50
33	年末计提折旧				（5）
34	年末现金余额（结账）				50

项目七

示范年末财务报表编制

实训准备：
（1）填写完毕的示范年的公司运营流程表；
（2）示范年末的盘面；
（3）示范年空白的综合管理费用明细表、利润表、资产负债表和期末状态表；
（4）铅笔、橡皮、计算器等。

任务一　综合管理费用明细表的编制

空白的示范年综合管理费用明细表如表 7-1 所示。

表 7-1　空白的示范年综合管理费用明细表

单位：百万元

项　　目	金　　额	备　　注
管理费		
广告费		
维修费		
租　金		
转产费		
市场准入开拓		□区域　　□国内　　□亚洲　　□国际
ISO 资格认证		□ISO9000　　□ISO14000
产品研发		P2（　　）　P3（　　）　P4（　　）
其　他		
合　计		

一、管理费

综合管理费用明细表中的管理费的数据可以从两个来源读取：一是盘面；二是公司运营流程表。请注意，综合管理费用明细表中的所有的费用支出都不用写负号，下同。

实训步骤：

（1）查看盘面上方"管理费用"区域中的"管理费"位置。该位置摆放的币数就是今年的管理费金额。此时盘面上是 4 个币；

（2）查看公司运营流程表中的"支付管理费及其他"。将公司运营流程表中本年度四个季度支出的管理费相加，就得到今年的管理费，全年合计数也是 4 个币；

（3）在综合管理费用明细表中的"管理费"与"金额"交叉的单元格内填写"4"。

二、广告费

实训步骤：

（1）查看盘面上方"管理费用"区域中的"广告费"位置的币数：1 个币。或者查看公司运营流程表中的"广告投放"行与"1 季"列交叉的单元格中的数字，为"–1"。

（2）在综合管理费用明细表中的"广告费"行与"金额"列交叉的单元格内填写"1"。

三、维修费

各个学校实训所使用的沙盘的具体版本不尽相同，维修费的名称也存在差异，有时也称为设备维护费、保养费、维修保养费等。

实训步骤：

（1）查看盘面上方"管理费用"区域中的"维修费"位置的币数：5 个币。或者查看公司运营流程表中的"支付设备维修费"行与"4 季"列交叉的单元格中的数字，今年为"–5"；

（2）在综合管理费用明细表中的"维修费"行与"金额"列交叉的单元格内填写"5"。

四、租金

实训步骤：

（1）查看盘面左上方"管理费用"区域的"租金"位置的币数。由于在示范年中没有厂房的租入业务，由此可知，今年的租金为 0。

（2）在综合管理费用明细表中的"租金"行与"金额"列交叉的单元格内填写"0"。

五、转产费

转产费是空闲生产线投产与上一批次不同的产品时，需要支付的费用。当某条生产线上没有在产品时，称其为空闲生产线。只有空闲生产线才可能转产。不同类型的生产线，在目前的实训版本中，虽然都不需要支付转产费，但是却要经历不同的转产周期。

举例：有一条半自动生产线，当前处于空闲状态，原来生产 P1 产品，已完工入库。现在拟生产 P2 产品。生产线上这种转换产品生产的行为称为转产。根据规则，半自动生产线转产，不需要支付转产费，但必须等待一个季度，即转产周期=1Q。

实训步骤：由于在目前的实训版本中，已经不需要支付转产费，因此直接在综合管理费用明细表中的"转产费"行与"金额"列交叉的单元格内，填上"0"。

六、市场准入开拓

为了公司在连续 6 年的运营过程中能够更好地发展和盈利，强烈建议学生从第 1 年开始就同时开发多个新市场，这样有利于尽早占领新生市场、减少竞争者的数量，从而更容易竞争到好的订单。

实训步骤：

（1）查看盘面上"市场开发"区域中的币数：1 个币。这 1 个币放在反扣着的"区域"市场标识上。或者查看公司运营流程表中的"新市场开拓"行与"4 季"列交叉的单元格中的数字，其值为"-1"；

（2）在综合管理费用明细表中的"市场准入开拓"行与"金额"列交叉的单元格内填写"1"；

（3）在综合管理费用明细表中的"市场准入开拓"行与"备注"列交叉的单元格内，在"区域"前面的复选框中打钩。

七、ISO 资格认证

实训步骤：

（1）查看盘面上"产品研发"区域中最右侧两个位置的币数，其值为空，说明没有币。或者查看公司运营流程表中的"ISO 资格投资"行与"4 季"列交叉的单元格中的数字，其值为叉号，表示今年没有做任何 ISO 资格投资。

（2）在综合管理费用明细表中的"ISO 资格投资"行与"金额"列交叉的单元格内填写"0"。

八、产品研发

1. 产品研发

实训步骤：

（1）查看盘面上"产品研发"区域中"P1""P2""P3"和"P4"位置的币数，今年是 4 个币。这 4 个币都放在反扣着的"P2"位置；

（2）查看公司运营流程表中的"产品研发投资"行，将 4 个季度的数值相加，得到今年的产品研发支出的合计数-4。这表示今年全年，一共投资了 4M 来进行 P2 产品研发。按照规则，P2 产品生产资格需要连续投资 4 个季度，每个季度投资 1 个币，因此从下个季度开始，本公司就具备了生产 P2 产品的生产资格，即可以生产 P2 产品；

（3）在综合管理费用明细表中的"产品研发"行与"金额"列交叉的单元格内填写"4"；

（4）在综合管理费用明细表中的"产品研发"行与"备注"列交叉的单元格内填写"P2（4） P3（0） P4（0）"。

2．其他

实训步骤：

（1）查看盘面上"管理费用"区域中"其他"位置的币数，今年为空，没有币。或者查看公司运营流程表中的"支付管理费及其他"中属于"其他"部分的金额之和。今年也是没有；

（2）在综合管理费用明细表中的"其他"行与"金额"列交叉的单元格内填写"0"。

3．合计

实训步骤：

（1）将综合管理费用明细表中刚刚填写的所有的金额相加，就得到了今年综合管理费用的合计数，今年的合计=（4+1+5+0+0+1+0+4+0）M=15M。

（2）在综合管理费用明细表中的"合计"行与"金额"列交叉的单元格内填写"15"，如表 7-2 所示。

表 7-2 完成后的综合管理费用明细表

单位：百万元

项　　目	金　　额	备　　注
管理费	4	
广告费	1	
维修费	5	
租　金	0	
转产费	0	
市场准入开拓	1	□区域　□国内　□亚洲　□国际
ISO 资格认证	0	□ISO9000　　□ISO14000
产品研发	4	P2（ 4 ）　P3（ 0 ）　P4（ 0 ）
其　他	0	
合　计	15	

任务二　利润表的编制

空白的示范年利润表如表 7-3 所示，表中的上年数已经给出。

表 7-3 空白的示范年利润表

单位：百万元

项　　目	默认符号	上 年 数	本 年 数
销售收入	+	35	
直接成本	−	12	
毛利	=	23	

续表

项　　目	默认符号	上　年　数	本　年　数
综合费用	-	11	
折旧前利润	=	12	
折旧	-	4	
支付利息前利润	=	8	
财务收入/支出	-	4	
其他收入/支出	+	0	
税前利润	=	4	
所得税	-	1	
净利润	=	3	

一、销售收入

销售收入是指本年度内所有的销售业务所产生的收入，包括应收账款和现金，包括按订单交货产生的销售收入和出售库存产生的销售收入。

实训步骤：

（1）查看本年度的订单登记表，将表中未能如期交付，并且已经支付了违约订单罚款的订单划掉。违约订单中的数据不参与利润表的计算。今年只有一个订单，已经在第2季度交付了，因此今年不存在违约订单；

（2）将订单登记表中的所有订单中的"总额"相加，就得到了本年度利润表中的销售收入金额，今年为37M；

（3）在利润表中的"销售收入"行与"本年数"列交叉的单元格内填写"37"。

二、直接成本

按照已经销售的产品的来源不同，直接成本的计算方法也不同。对于自己生产的产品，利润表中的直接成本=规则中的单位直接成本×数量。对于紧急采购来的并且已经销售的产品，利润表中的这部分产品的直接成本=买价。

请注意，与销售收入的统计方法相同，违约订单上的数据不参与计算直接成本。

实训步骤：

（1）将订单登记表中的所有已经完成的订单的直接成本相加，就得到了本年度利润表中的直接成本金额。今年只有一个订单，直接成本=2M×6=12M；

（2）在利润表中的"直接成本"行与"本年数"列交叉的单元格内填写"12"。

三、毛利

实训步骤：

（1）首先计算毛利。根据公式，毛利=销售收入-直接成本=37M-12M=25M；

（2）在利润表中的"毛利"行与"本年数"列交叉的单元格内填写"25"。

四、综合费用

根据规则，利润表中的综合费用，直接读取上面已经完成的综合管理费用明细表中的合计金额。今年为15M。在将利润表数据录入到沙盘管理软件中的时候，利润表中的综合费用无须录入，系统会自动转入并显示这个数据。除非修改综合管理费用明细表中的合计金额数据，否则该数据无法修改。

实训步骤：在利润表中的"综合费用"行与"本年数"列交叉的单元格内填写"15"。

五、折旧前利润

利润表中的"折旧前利润"，是畅捷通公司自己取的名字。

实训步骤：

（1）根据公式，折旧前利润=毛利-综合费用=25M-15M=10M；

（2）在利润表中的"折旧前利润"行与"本年数"列交叉的单元格内填写"10"。

六、折旧

实训步骤：

（1）利润表中的"折旧"的数据来源可以有两个：一是公司运营流程表中的"计提折旧"行与"4季"列交叉的单元格中的金额；二是盘面的左下角"折旧"栏的币数。如果走盘和记录无误的话，这两个来源的数值是一样的，今年都是"5"；

（2）在利润表中的"折旧"行与"本年数"列交叉的单元格内填写"5"。

七、支付利息前利润

实训步骤：

（1）根据公式，支付利息前利润=折旧前利润-折旧=10M-5M=5M；

（2）在利润表中的"支付利息前利润"行与"本年数"列交叉的单元格内填写"5"。

八、财务收入/支出

根据规则，公司通常不存在财务收入，只存在财务支出。这就对应了利润表中"财务收入/支出"一栏的符号默认是"-"，不是"+/-"。在实训过程中遇到具体业务场景时，可以和任课教师协商确定。

财务支出=利息+贴息。利息=长期借款利息+短期借款利息。

长期借款利息在每年年初的时候用现金支付。短期借款利息在偿还短期借款本金的同时用现金支付。所以，如果公司今年偿还了短期借款，就一定存在短期借款利息，请学生一定要加上短期借款利息。在实训中，学生很容易遗漏短期借款利息的计算。

实训步骤：

（1）根据公式，财务收入/支出=财务支出=利息+贴息=长期借款利息+短期借款利息+贴息=4M+0M+0M=4M；

（2）在利润表中的"财务收入/支出"行与"本年数"列交叉的单元格内填写"4"。请注意，这里一定不要填"-4"，否则后面的"税前利润"数据一定会出错。

九、其他收入/支出

利润表中的其他收入通常包括帮助其他公司完成经营而收到的款项。最常见的其他支出是订单罚款。利润表中的"其他收入/支出"一栏的符号默认是"+"，这一点与"财务收入/支出"不同。

实训步骤：

（1）根据公式，其他收入/支出=其他收入-其他支出=0M-0M=0M；

（2）在利润表中的"其他收入/支出"行与"本年数"列交叉的单元格内填写"0"。

十、税前利润

为了简化计算，在实训中假定利润表中的税前利润=应纳税所得额，暂不考虑纳税调整事项。利润表中的税前利润=支付利息前利润-财务收入/支出+其他收入/支出。

实训步骤：

（1）税前利润=支付利息前利润-财务收入/支出+其他收入/支出=5M-4M=1M；

（2）在利润表中的"税前利润"行与"本年数"列交叉的单元格内填写"1"。

十一、所得税

本实训中的所得税特指企业所得税。本实训中忽略其他税种的计算。在年末计算所得税时，无须考虑以前年度的弥补亏损等情况，只需要考虑当年的税前利润。

根据规则，当公司本年度税前利润小于0时不计提所得税。当公司本年度税前利润大于0时，按照税前利润的25%向下取整计提所得税。

实训步骤：

（1）根据公式，所得税=税前利润×25%=1M×25%=0.25M，向下取整为0M。所以今年的所得税费用为0。

（2）在利润表中的"所得税"行与"本年数"列交叉的单元格内填写"0"。

十二、净利润

实训简化后，净利润=税前利润-所得税。

实训步骤：

（1）根据公式，净利润=税前利润-所得税=1M-0M=1M；

（2）在利润表中的"净利润"行与"本年数"列交叉的单元格内填写"1"。完成后的示范年利润表如表 7-4 所示。

表 7-4 完成后的示范年利润表

单位：百万元

项　目	默认符号	上　年　数	本　年　数
销售收入	+	35	37
直接成本	-	12	12
毛利	=	23	25
综合费用	-	11	15
折旧前利润	=	12	10
折旧	-	4	5
支付利息前利润	=	8	5
财务收入/支出	-	4	4
其他收入/支出	+	0	0
税前利润	=	4	1
所得税	-	1	0
净利润	=	3	1

任务三　资产负债表的编制

空白的示范年资产负债表如表 7-5 所示，表中的期初数已知。

表 7-5 空白的示范年资产负债表

单位：百万元

资　产		期　初　数	期　末　数	负债和所有者权益		期　初　数	期　末　数
流动资产	现金	20		负债	长期负债	40	
	应收款	15			短期负债	0	
	在制品	8			应付账款	0	
	成品	6			应交税费	1	
	原料	3			一年内到期的长期负债	0	
流动资产合计		52		负债合计		41	
固定资产	土地和建筑	40		所有者权益	股东资本	50	
	机器与设备	13			利润留存	11	
	在建工程	0			年度净利	3	
固定资产合计		53		所有者权益合计		64	
资产总计		105		负债和所有者权益总计		105	

一、流动资产

1. 现金

本实训中的现金是指广义的现金，包括库存现金、银行存货和其他货币资金。

资产负债表中的"现金"的数据来源通常有两个：一是盘面上"现金"区域中的币数；二是公司运营流程表中的"季末现金对账"行与"4季"列交叉的单元格内的数值。如果走盘正确，公司运营流程表也记录无误，那么从这两个来源获得的数据是一致的。

实训步骤：

（1）查看年末盘面上的"现金"区域中的币数，今年是50M；

（2）查看公司运营流程表中的"季末现金对账"行与"4季"列交叉的单元格内的数值，也是50M；

（3）在资产负债表中的"现金"行与"期末数"列交叉的单元格内填写"50"。

2. 应收款

资产负债表中的"应收款"最直观的数据来源就是从盘面读取。

公司运营流程表中的"更新应收款/应收款收现/追加权益"行与"4季"列交叉的单元格内详细记录了年末应收账款的详细信息（如 1Q-12M，2Q-21M，3Q-13M，3Q-31M），也可以从公司运营流程表里获取其合计金额（如 12M+21M+13M+31M=77M）。如果走盘正确，公司运营流程表也记录无误，那么从这两个来源获得的数据就是一致的。

实训步骤：

（1）查看盘面上的"应收账款"区域中所有应收款的合计金额，其值就是今年末公司资产负债表中的应收款数额。今年末公司没有应收账款；

（2）在资产负债表中的"应收款"行与"期末数"列交叉的单元格内填写"0"。

3. 在制品

资产负债表中的"在制品"最主要的数据来源就是从盘面读取。盘面上的"生产中心"区域中所有生产线上的在制品的合计金额，就是今年末公司资产负债表中的在制品数额。

根据规则，对于同一种产品，单位在制品的价值=单位产成品的价值。这里的价值用金额表示，即多少个币。二者的区别在于所经历的生产时间不同，在产品所经历的是生产时间。在制品的外观组成和产成品相同，只是经历的生产时间小于产成品。本实训中，在制品的单位直接成本=同产品的产成品的单位直接成本。

实训步骤：

（1）查看盘面上的"生产中心"区域，今年末，公司共有5条在用的生产线，每条生产线上各有1个P1在制品。每个P1在制品的单位价值是2M，所以今年末公司资产负债表中的应收款数额=2M×5=10M；

（2）在资产负债表中的"在制品"行与"期末数"列交叉的单元格内填写"10"。

4．成品

资产负债表中的"成品"最主要的数据来源就是从盘面直接读取。盘面上的"产成品库"区域中所有产成品的合计金额，就是今年末公司资产负债表中的成品数额。

实训步骤：

（1）查看盘面上的"产成品库"区域，今年末公司的产成品库中共有 3 个 P1 成品。每个 P1 成品的直接成本是 2M，所以今年末公司资产负债表中的成品数额=2M×3=6M；

（2）在资产负债表中的"成品"行与"期末数"列交叉的单元格内填写"6"。

5．原料

资产负债表中的"原料"最主要的数据来源就是从盘面直接读取。盘面上的"原料库"区域中所有原材料的合计金额，就是今年末公司资产负债表中的原料数额。

实训步骤：

（1）查看盘面上的"原料库"区域，今年末公司的产成品库中只剩 1 个 R1 原材料。每个原材料的单位金额是 1M，所以今年末公司资产负债表中的原料金额=1M；

（2）在资产负债表中的"原料"行与"期末数"列交叉的单元格内填写"1"。

6．流动资产合计

实训步骤：

（1）根据公式，流动资产合计=现金+应收款+在制品+成品+原料=50M+0M+10M+6M+1M=67M；

（2）在资产负债表中的"流动资产合计"行与"期末数"列交叉的单元格内填写"67"，如表 7-6 所示。

表 7-6 示范年资产负债表中的流动资产

单位：百万元

资　　产	期　初　数	期　末　数
流动资产：		
现金	20	50
应收款	15	0
在制品	8	10
成品	6	6
原料	3	1
流动资产合计	52	67

二、固定资产

1．土地和建筑

资产负债表中的"土地和建筑"在本课程中特指公司拥有的厂房。厂房包括大厂房和小厂房。公司在示范年末只拥有大厂房,原值是40M,厂房不提折旧。

小厂房只是沙盘中提供的资源的可能性。小厂房不属于本公司。公司只有通过购买(30M,现金支付)才能拥有小厂房。如果公司选择租赁小厂房,每年以现金形式支付3M租金,那么小厂房仍然不属于公司,因为这是一笔经营租赁业务,不是融资租赁。经营租入的厂房,不能通过固定资产账户来核算。

实训步骤:

(1)根据规则,厂房不提折旧。公司今年也没有买入小厂房,因此今年末公司资产负债表中的土地和建筑数额=期初数=40M;

(2)在资产负债表中的"土地和建筑"行与"期末数"列交叉的单元格内填写"40"。

2. 机器与设备

资产负债表中的"机器与设备"在本课程中特指提完当年折旧后的所有生产线的净值的合计金额。这里的生产线包括放置在大厂房中的全部生产线和放置在小厂房中的全部生产线。这里的机器与设备,不包括在建中的生产线。在本实训中,不考虑资产减值问题。

今年末公司一共有5条生产线,提完今年折旧后的净值分析结果如下。

(1)每条手工线计提今年折旧前的净值是3M,残值是1M,残值<净值<原值。根据规则,每条手工线今年计提折旧是1M,提完今年折旧后的每条手工线的净值是2M。

(2)年初就存在的1条半自动线,计提今年折旧前的净值是4M,残值是2M,残值<净值<原值。根据规则,这条半自动线今年计提折旧是2M,提完今年折旧后的这条半自动线的净值也是2M。

(3)今年新建的1条半自动线,第3季度才建成投入使用。按照规则,当年建成的生产线不提折旧,因此这条新建的半自动线的年末净值仍为10M。

实训步骤:

(1)年末,公司所有生产线提完今年折旧后的净值合计=2M×3+2M+10M=18M,即资产负债表中的"机器与设备"的期末数=18M;

(2)在资产负债表中的"机器与设备"行与"期末数"列交叉的单元格内填写"18"。

3. 在建工程

资产负债表中的"在建工程"在本课程中特指新建的、正处于安装过程中的生产线,包括大厂房中的在建工程和小厂房中的在建工程。

公司从今年第1季度开始新建一条半自动线,第3季度就已经安装完毕,转入固定资产并投入使用了。公司示范年末不存在在建工程。

实训步骤:

(1)查看盘面,年末公司不存在正处于安装过程中的生产线,即资产负债表中的在建工程的期末数=0M;

(2)在资产负债表中的"在建工程"行与"期末数"列交叉的单元格内填写"0"。

4．固定资产合计

实训步骤：

（1）根据公式，固定资产合计=土地和建筑+机器与设备+在建工程=40M+18M+0M=58M；

（2）在资产负债表中的"固定资产合计"行与"期末数"列交叉的单元格内填写"58"，如表7-7所示。

表7-7 示范年资产负债表中的固定资产

单位：百万元

资　　产	期　初　数	期　末　数
固定资产：		
土地和建筑	40	40
机器与设备	13	18
在建工程		0
固定资产合计	53	58
资产合计	105	125

5．资产总计

实训步骤：

（1）根据公式，资产总计=流动资产合计+固定资产合计=67M+58M=125M；

（2）在资产负债表中的"资产总计"行与"期末数"列交叉的单元格内填写"125"。

三、负债

1．长期负债

资产负债表中的"长期负债"最直观的数据来源就是从盘面直接读取。盘面上的"长期贷款"区域中所有长期贷款本金的合计金额，就是今年年末公司资产负债表中的长期负债的期末数。

如果公司运营流程表中的"更新长期贷款/长期贷款还款"行与"1季"列交叉的单元格，以及"申请长期贷款"行与"1季"列交叉的单元格内详细记录了年初业务中更新后的长期贷款和今年年初新申请的长期贷款的详细信息，就可以从公司运营流程表中获取长期贷款的合计金额。

实训步骤：

（1）查看盘面上的"长期贷款"区域的所有实训币，今年有FY4-20M和FY3-20M，一共是40M；

（2）查看公司运营流程表，公司今年年初更新后的长期贷款有两笔：FY4-20M和FY3-20M。今年年初没有新申请长期贷款。所以今年年末的长期贷款总额=20M+20M+0M=40M。两个来源的结果数据一致。

（3）在资产负债表中的"长期负债"行与"期末数"列交叉的单元格内填写"40"。

2. 短期负债

资产负债表中的"短期负债"最直观的数据来源就是从盘面直接读取。盘面上的"短期贷款"区域中的所有短期贷款本金的合计金额，就是今年年末公司资产负债表中的长期贷款数额。

同样，如果公司运营流程表中的"更新短期贷款/短期贷款还本付息"行与"4季"列交叉的单元格，以及"申请短期贷款"行与"4季"列交叉的单元格内详细记录了短期贷款的详细信息，就可以从公司运营流程表里获取短期贷款的合计金额。

实训步骤：

（1）查看盘面上的"短期贷款"区域，今年年末的短期贷款只有1笔，是第2季度申请的4Q-20M，到了年末，这笔短期贷款已经更新成2Q-20M。即2个季后到期，需要还本付息，本金为20个币的短期贷款；

（2）查看公司运营流程表，今年年末公司更新后的短期贷款只有1笔：2Q-20M。今年第4季度没有新申请短期贷款。所以今年年末的短期贷款总额=20M+0M=20M。两个来源的结果数据一致；

（3）在资产负债表中的"短期负债"行与"期末数"列交叉的单元格内填写"20"。

3. 应付账款

资产负债表中的"应付账款"在目前执行的实训版本中已经不存在了，因为实训中都要求现金付款。其实，购买原材料、生产线，或者支付设备维护费等，是允许产生应付账款的，有兴趣的学生，可以自己尝试一下。

实训步骤：在资产负债表中的"应付账款"行与"期末数"列交叉的单元格内填写"0"。

4. 应交税费

资产负债表中的"应交税费"的数据直接从已经完成的利润表中读取，即利润表中的"所得税"的本年数=资产负债表中"应交税费"的期末数。在教师用计算机的沙盘管理软件中录入资产负债表数据时，系统会自动根据利润表中的所得税项目金额，填列"应交税费"项目的数据。除非修改利润表，否则用户无法修改该数据。

实训步骤：在资产负债表中的"应交税费"行与"期末数"列交叉的单元格内填写"0"。

5. 一年内到期的长期负债

资产负债表中的"一年内到期的长期负债"最直观的数据来源就是从盘面直接读取。即盘面上的"长期贷款"区域中"FY1"位置的币数。

同样，如果公司运营流程表中的"更新长期贷款/长期贷款还款"行与"1季"列交叉的单元格，和"申请长期贷款"行与"1季"列交叉的单元格内详细记录了年初长期贷款的详细信息，就可以从公司运营流程表中获取一年内到期的长期贷款的准确金额。两个来源的数据应该一致。

实训步骤：

（1）查看盘面上的"长期贷款"区域中"FY1"位置，上面没有实训币，就表示今年年末公司资产负债表中的"一年内到期的长期贷款"的期末数=0M；

（2）在资产负债表中的"一年内到期的长期负债"行与"期末数"列交叉的单元格内填写"0"。

6．负债合计

实训步骤：

（1）根据公式，负债合计=长期负债+短期负债+应付账款+应交税费+一年内到期的长期负债=40M+20M+0M+0M+0M=60M；

（2）在资产负债表中的"负债合计"行与"期末数"列交叉的单元格内填写"60"，如表 7-8 所示。

表 7-8　示范年资产负债表中的负债

单位：百万元

负　　债	期　初　数	期　末　数
长期负债	40	40
短期负债		20
应付账款		0
应交税费	1	0
一年内到期的长期负债		0
负债合计	41	60

四、所有者权益

1．股东资本

资产负债表中的"股东资本"的数据，要根据以下两个方面的数据合并填写：一方面是本表中的期初数，另一方面是公司运营流程表中的"更新应收款/应收款收现/追加权益"中的追加权益的金额。

通常情况下，公司的股东资本期末数都等于期初数。只有在发生"追加权益"的情况下，公司的股东资本期末数才会发生变化。而变化的金额就等于追加权益的金额。

实训步骤：

（1）查看资产负债表中的"股东资本"的期初数，今年是 50M；

（2）查看公司运营流程表中的"更新应收款/应收款收现/追加权益"中的追加权益的金额，今年没有发生追加权益。所以年末资产负债表中的股东资本期末数就等于期初数，即 50M；

（3）在资产负债表中的"股东资本"行与"期末数"列交叉的单元格内填写"50"。

2. 利润留存

实训步骤：

（1）根据沙盘规则，资产负债表中的"利润留存"的期末数=本表中"利润留存"的期初数+本表中"年度净利"的期初数。所以，今年"利润留存"的期末数=11M+3M=14M；

（2）在资产负债表中的"利润留存"行与"期末数"列交叉的单元格内填写"14"。

3. 年度净利

资产负债表中的"年度净利"可以直接从已经完成的利润表中读取，即：利润表中的"净利润"的本年数=资产负债表中"年度净利"的期末数。在教师端的沙盘管理软件中录入资产负债表数据时，系统会自动根据利润表中的净利润金额，填列"年度净利"的期末数。除非修改利润表，否则用户无法修改资产负债表中的"年度净利"的期末数。

实训步骤：

（1）资产负债表中的"年度净利"可以直接从已经完成的利润表中读取，即：利润表中的"净利润"的本年数=资产负债表中"年度净利"的期末数。今年是1M；

（2）在资产负债表中的"年度净利"行与"期末数"列交叉的单元格内填写"1"。

4. 所有者权益合计

实训步骤：

（1）根据公式，所有者权益合计=股东资本+利润留存+年度净利=50M+14M+1M=65M；

（2）在资产负债表中的"所有者权益合计"行与"期末数"列交叉的单元格内填写"65"，如表7-9所示。

表7-9 示范年资产负债表中的所有者权益

单位：百万元

所有者权益	期　初　数	期　末　数
股东资本	50	50
利润留存	11	14
年度净利	3	1
所有者权益合计	64	65

5. 负债及所有者权益总计

实训步骤：

（1）根据公式，负债及所有者权益总计=负债合计+所有者权益合计=60M+65M=125M；

（2）在资产负债表中的"负债及所有者权益总计"行与"期末数"列交叉的单元格内填写"125"。

完成后的示范年资产负债表如表7-10所示。

表 7-10 完成后的示范年资产负债表

单位：百万元

资产		期初数	期末数	负债和所有者权益		期初数	期末数
流动资产	现金	20	50	负债	长期负债	40	40
	应收款	15	0		短期负债		20
	在制品	8	10		应付账款		0
	成品	6	6		应交税费	1	0
	原料	3	1		一年内到期的长期负债		0
流动资产合计				负债合计			
固定资产	土地和建筑	40	40	所有者权益	股东资本	50	50
	机器与设备	13	18		利润留存	11	14
	在建工程		0		年度净利	3	1
固定资产合计		53	58	所有者权益合计		64	65
资产总计		105	125	负债和所有者权益总计		105	125

任务四 期末状态表的编制

空白的示范年期末状态表如表 7-11 所示。表中项目均须填写数量。

表 7-11 空白的示范年期末状态表

单位：个

项目	数量	项目	数量
大厂房		本地市场	
小厂房		区域市场	
手工线		国内市场	
半自动		亚洲市场	
全自动		国际市场	
柔性线		ISO9000	
P1 生产资格		ISO14000	
P2 生产资格			
P3 生产资格			
P4 生产资格			

一、厂房

在期末状态表中，厂房只能填写公司本年末所拥有的数量。查看盘面上的"生产中心"区域可知：

（1）在"大厂房"行与"数量"列交叉的单元格中填写"1"；

（2）在"小厂房"行与"数量"列交叉的单元格中填写"0"。

二、生产线

本部分需要填写公司本年年末实际拥有的各种类型生产线的条数，查看示范年年末的盘面上的"生产中心"区域可知：

（1）在"手工线"行与"数量"列交叉的单元格中填写"3"；
（2）在"半自动"行与"数量"列交叉的单元格中填写"2"；
（3）在"全自动"行与"数量"列交叉的单元格中填写"0"；
（4）在"柔性线"行与"数量"列交叉的单元格中填写"0"。

三、生产资格与 ISO 认证

填写规则：拥有该产品生产资格，则填"1"，否则填"0"；处于研发过程中，还没有开发完成的产品生产资格，填写"0"；同理，已经通过 ISO 资格认证的，则填"1"，否则填"0"；处于研发过程中，还没有完成认证的，填写"0"。查看示范年年末的盘面上的"产品研发"区域可知：

（1）在"P1生产资格"行与"数量"列交叉的单元格中填写"1"；
（2）在"P2生产资格"行与"数量"列交叉的单元格中填写"0"；
（3）在"P3生产资格"行与"数量"列交叉的单元格中填写"0"；
（4）在"P4生产资格"行与"数量"列交叉的单元格中填写"0"；
（5）在"ISO9000"行与"数量"列交叉的单元格中填写"0"；
（6）在"ISO14000"行与"数量"列交叉的单元格中填写"0"。

四、市场

填写规则：拥有该市场，则填"1"，否则填"0"；处于开发过程中，还没有开发完成的市场，填写"0"。查看示范年年末的盘面上的"市场开发"区域可知：

（1）在"本地市场"行与"数量"列交叉的单元格中填写"1"；
（2）在"区域市场"行与"数量"列交叉的单元格中填写"0"；
（3）在"国内市场"行与"数量"列交叉的单元格中填写"0"；
（4）在"亚洲市场"行与"数量"列交叉的单元格中填写"0"；
（5）在"国际市场"行与"数量"列交叉的单元格中填写"0"。

五、其他

在教师用计算机的沙盘管理软件中，其他的项目，如"本地市场份额第一""区域市场份额第一""国内市场份额第一""亚洲市场份额第一""国际市场份额第一"，以及错误罚分等，都有不同的分数或权重，最后系统会给每家公司都计算出一个总分，用来比较公司业绩。这些数据都是由系统自动计算的，这里就不一一阐述了。完成后的示范年期末状态表如表 7-12 所示。

表 7-12 完成后的示范年期末状态表

单位：个

项　目	数　量	项　目	数　量
大厂房	1	本地市场	1
小厂房	0	区域市场	0
手工线	3	国内市场	0
半自动	2	亚洲市场	0
全自动	0	国际市场	0
柔性线	0	ISO9000	0
P1 生产资格	1	ISO14000	0
P2 生产资格	0		
P3 生产资格	0		
P4 生产资格	0		

项目八

第1年至第6年公司运营

学生自愿分成的 8 个实训小组,分别模拟 8 家初始状态相同的公司,每年由轮值 CEO 总体负责,组织本公司连续 6 个会计年度的所有生产经营活动,最终形成个性化的 8 家公司经营成果和财务数据,教师可以比较、讲评各家公司的各项财务指标,也可以将第六年末的软件系统打分结果作为评价各组实训结果的一项依据。

第 1 年至第 6 年公司的运营,基本上由各组学生独立自主。教师可以提供决策建议,或者答疑解惑,或者帮助处理特殊复杂的业务。除非出现明显错误,教师尽量不要干涉学生的生产经营决策过程。

每次实训开始时,教师必须首先导入当前学生的实训状态数据,并且提前准备好下一年年初的市场和产品的需求量、需求价格,产品销售订单的账期,ISO9000 和 ISO14000 认证要求的订单百分比等参数的设置。每次实训结束时,教师都要及时备份当前的实训数据。

任务一 第1年公司运营

一、实训用表

第 1 年公司运营所需的实训表格如表 8-1 至表 8-5 所示。

表 8-1 第 1 年公司运营流程表

单位:百万元

序　号	手工操作流程	1 季	2 季	3 季	4 季
1	新年度规划会议				
2	广告投放				
3	参加订货会/订单登记				
4	支付应付税				
5	支付长贷利息				

续表

序 号	手工操作流程	1季	2季	3季	4季
6	更新长期贷款/长期贷款还款				
7	申请长期贷款				
8	季初现金盘点（请填余额）				
9	更新短期贷款/短期贷款还款付息				
10	申请短期贷款				
11	更新应付款/归还应付款				
12	原材料入库/更新原料订单				
13	下原料订单				
14	购买（租用）厂房				
15	更新生产/完工入库				
16	新建/在建/转产/变卖生产线				
17	紧急采购/公司间交易（随时进行）				
18	开始下一批生产				
19	更新应收款/应收款收现/追加权益				
20	按订单交货				
21	厂房出售（自动转租）				
22	产品研发投资				
23	支付管理费及其他				
24	新市场开拓				
25	ISO资格投资				
26	出售库存/公司间交易				
27	应收款贴现（随时）				
28	缴纳违约订单罚款				
29	支付设备维修费				
30	季末收入合计				
31	季末支出合计				
32	季末现金对账（8）+（30）-（31）				
33	年末计提折旧				
34	年末现金余额（结账）				

表8-2 第1年产品销售的订单登记表

单位：百万元

订单号											合计
市场											
产品											
数量											
账期											
总额											
未售											

表 8-3　第 1 年年末的综合管理费用明细表

单位：百万元

项　　目	金　　额	备　　注
管理费		
广告费		
维修费		
租　金		
转产费		
市场准入开拓		□区域　□国内　□亚洲　□国际
ISO 资格认证		□ISO9000　　□ISO14000
产品研发		P2（　　）P3（　　）P4（　　）
其　他		
合　计		

表 8-4　第 1 年年末的利润表

单位：百万元

项　　目	默认符号	上　年　数	本　年　数
销售收入	+	35	
直接成本	-	12	
毛利	=	23	
综合费用	-	11	
折旧前利润	=	12	
折旧	-	4	
支付利息前利润	=	8	
财务收入/支出	-	4	
其他收入/支出	+	0	
税前利润	=	4	
所得税	-	1	
净利润	=	3	

表 8-5　第 1 年年末的资产负债表

单位：百万元

资　产		期　初　数	期　末　数	负债和所有者权益	期　初　数	期　末　数
流动资产	现金	20		长期负债	40	
	应收款	15		短期负债		
	在制品	8		应付账款		
	成品	6		应交税费	1	
	原料	3		一年内到期的长期负债		
流动资产合计		52		负债合计	41	

续表

资产		期初数	期末数	负债和所有者权益		期初数	期末数
固定资产	土地和建筑	40		所有者权益	股东资本	50	
	机器与设备	13			利润留存	11	
	在建工程	0			年度净利	3	
	固定资产合计	53			所有者权益合计	64	
资产总计		105		负债和所有者权益总计		105	

二、运营建议

1. 与示范年完全相同的流程

在公司第1年运营中，与示范年运营完全相同的年初业务有初始摆盘、支付应付税、支付长期贷款利息和更新长期贷款/长期贷款还本。学生可以参照项目三中的对应内容的详细讲解。

第1年公司的年初摆盘和示范年的年初摆盘完全一样。第1年年初，公司应该支付上一年末计提的所得税费用，从公司第1年末资产负债表中"应交税费"期初数"1"可知，公司第1年初应从现金桶中拿出1M，放在盘面上"税收"的位置。

在公司第1年运营中，与示范年运营完全相同的"1季"的日常业务有更新短期贷款/短期贷款还本付息、原材料入库/更新原料订单、更新应付款/归还应付款、更新生产/完工入库、开始下一批生产、更新应收款/应收款收现/追加权益、支付管理费及其他、缴纳违约订单罚款。

2. 建议与示范年相同的流程

（1）申请长期贷款

从前面沙盘运营规则部分可以看出，长期贷款的年利率是10%，短期贷款的年利率是5%。因此，在公司运营的前两年，公司应优先选择短期贷款。

考虑到本实训中，每家公司只持续经营6年，长期贷款的最长期限是5年（FY5）。如果公司在第1年年初申请一笔FY5-20M的长期贷款，那么在第6年年初，公司就需要偿还这笔长期贷款的本金，这将会增加公司最关键的最后一年的财务负担，而且每年还要支付高额的利息费用。

（2）下原料订单

下原料订单的种类和数量取决于当年的生产需要，由于第1年第1季度的生产状况与示范年相同，因此建议第1季度的下原料订单和示范年相同。

考虑到第1年年初竞得的产品销售订单与示范年不同，建议第1年的第2，3，4季度的下原料订单都重新计算后确定。通常原料库中的原料要比下一季度生产需要原料量多出1~2个，以防计算错误，延误生产。原料库中存货太多不会延误生产，但会占用现金，容易造成公司现金短缺。

3. 广告投放

第 1 年公司只拥有 P1 产品的生产资格，只能在"本地"市场投放广告和竞争接单。如果公司今年不投放广告费用，那么公司今年无法参加竞单，也就无法销售产品。从长远（第 6 年末）眼光看，这也是一种可行的销售方案。因为本实训中的 4 种产品都不是食品，没有过期变质之说，都可以存放在成品库中，等待以后年度销售。

根据市场预测分析，P1 产品的市场需求量和需求价格都有逐年降低的趋势。又由于沙盘管理软件中相关参数的设置，系统提供了相当大的随机变动的余量，所以实际上，各种产品的需求量和需求价格都会围绕这个趋势上下波动。通常，同一年，不同市场上，软件系统实际生成的同一产品的单价波动在 1M 以内，数量波动有时很大，甚至会达到 7～8 个。而且，随着时间的推移，以后年份的产品单价和数量的波动会越来越大。

在实训中，各小组须依次将第 1 年年初的广告费投放金额报送给教师，由教师在沙盘管理软件系统教师端的第 1 年的"广告管理"界面中录入各小组的广告费金额。提交成功后，系统就可以就进入"市场竞单"界面操作了。

在"市场竞单"界面中，屏幕左边会显示出各组的竞单顺序，教师根据此顺序组织学生竞单，然后把获得各个订单的组号录入到该订单中的"公司"栏内。每个竞单最多只能由一家公司获得，系统不允许多家公司分享同一订单。

在"市场竞单"界面中，屏幕左边还会显示出各组有几次竞单机会，"第一批"右边列示的是有一次竞单机会的公司编号，"第二批"右边列示的是有两次竞单机会的公司编号，依此类推。如果所有批次的公司全部竞单完毕，但还有订单未被接单，则称未被接单的订单为"流单"，该订单就作废了。

本年度所有市场、所有产品竞单完毕后，各组须及时将本年所竞得的全部订单登记在本年度的订单登记表中，以防遗忘。

4. 添置生产线和厂房

由于公司唯一的盈利渠道就是销售产品，所以建议公司尽早提高产能、增加销售，以获得更多的利润。提高产能最直接的方法就是添置生产线，而且优先选择生产效率高的生产线，如全自动和柔性线。

不建议学生出售旧的生产线。最主要的原因是实训走盘和记录容易出错，尤其是现金的金额容易算错。另外，公司出售旧生产线不可能盈利，却很容易亏损，因为出售生产线都只能得到相当于残值的现金，如果此时生产线的账面价值（=原值−累计折旧）大于残值，则出售业务产生亏损，进入营业外收支，计入利润表中的"其他收入/支出"。

有的学生认为，出售旧的生产线，可以腾出厂房的空间，以便添置更多的新的生产线。实际上，目前大厂房中尚有 2 个空位，可以新建 2 条生产线。另外，小厂房的租金很便宜，一年只有 3M，可以容纳 4 条生产线。旧的生产线提足折旧后，无须报废，仍然可以使用，继续为公司生产产品，增加利润。

建议从第 1 年的第 1 季度起，新建 1～2 条柔性生产线。柔性生产线的缺点是安装周期长（4Q）、购置费用高（每个季度 5M，一年共计 20M）。但是一旦建成，生产效率极高（每个季度完成 1 个产品），而且可以随时转产（柔性线的转产周期为 0Q）。

建议公司从第 1 年的第 2 季度起，新建一条全自动线。如果缺少现金，优先选择申请短期贷款。由于利息向上取整，因此建议短期贷款的最小单位是 4Q-20M。因为全自动线的安装周期是 3Q，第 2 季度开始新建，到第 2 年年初可以投入使用。

总之，在生产线方面，强烈建议公司第 1 年就新建至少 1 条柔性线或者全自动线，不要再新建手工线或半自动线。至于厂房，建议第 1 年厂房不变，不租不售。

5．短期借款

如果公司第 1 年的第 1 季度就要新建 1 条柔性线，那公司至少在第 1 季度就要申请短期贷款 4Q-20M。

如果公司在第 1 年的第 2 季度还要再新建 1 条全自动或柔性线，那么公司至少在第 2 季度还要申请短期借款 4Q-20M。

有的小组的运营决策比较激进，这样的小组要特别注意本公司是否超出了借款的额度这一问题。借款额度是指公司所有借款，包括长期贷款和短期贷款的总和，不得超过公司上一年末所有者权益合计数的 2 倍。例如，公司第 1 年的所有贷款包括现有的和即将申请的长期贷款和短期贷款，总额不得超过公司第 1 年末资产负债表中"所有者权益合计"的期初数"64"的 2 倍，即所有贷款总额不得超过 128M。

任务二　第 2 年公司运营

一、实训用表

第 2 年公司运营所需的实训表格如表 8-6 至表 8-10 所示。

表 8-6　第 2 年空白的公司运营流程表

单位：百万元

序　号	手工操作流程	1 季	2 季	3 季	4 季
1	新年度规划会议				
2	广告投放				
3	参加订货会/订单登记				
4	支付应付税				
5	支付长贷利息				
6	更新长期贷款/长期贷款还款				
7	申请长期贷款				
8	季初现金盘点（请填余额）				
9	更新短期贷款/短期贷款还款付息				
10	申请短期贷款				
11	更新应付款/归还应付款				

续表

序　号	手工操作流程	1季	2季	3季	4季
12	原材料入库/更新原料订单				
13	下原料订单				
14	购买（租用）厂房				
15	更新生产/完工入库				
16	新建/在建/转产/变卖生产线				
17	紧急采购/公司间交易（随时进行）				
18	开始下一批生产				
19	更新应收款/应付款收现/追加权益				
20	按订单交货				
21	厂房出售（自动转租）				
22	产品研发投资				
23	支付管理费及其他				
24	新市场开拓				
25	ISO资格投资				
26	出售库存/公司间交易				
27	应收款贴现（随时）				
28	缴纳违约订单罚款				
29	支付设备维修费				
30	季末收入合计				
31	季末支出合计				
32	季末现金对账（8）+（30）−（31）				
33	年末计提折旧				
34	年末现金余额（结账）				

表8-7　第2年产品销售的订单登记表

单位：百万元

订单号								合计
市场								
产品								
数量								
账期								
总额								
未售								

表8-8　第2年年末的综合管理费用明细表

单位：百万元

项　目	金　额	备　注
管理费		
广告费		

续表

项　目	金　额	备　注
维修费		
租金		
转产费		
市场准入开拓		□区域　□国内　□亚洲　□国际
ISO 资格认证		□ISO9000　□ISO14000
产品研发		P2（　）　P3（　）　P4（　）
其他		
合计		

表 8-9　第 2 年年末的利润表

单位：百万元

项　目	默认符号	上　年　数	本　年　数
销售收入	+		
直接成本	-		
毛利	=		
综合费用	-		
折旧前利润	=		
折旧	-		
支付利息前利润	=		
财务收入/支出	-		
其他收入/支出	+		
税前利润	=		
所得税	-		
净利润	=		

表 8-10　第 2 年年末的资产负债表

单位：百万元

资　产		期初数	期末数	负债和所有者权益		期初数	期末数
流动资产	现金			负债	长期负债		
	应收款				短期负债		
	在制品				应付账款		
	成品				应交税费		
	原料				一年内到期的长期负债		
流动资产合计				负债合计			
固定资产	土地和建筑			所有者权益	股东资本		
	机器与设备				利润留存		
	在建工程				年度净利		
固定资产合计				所有者权益合计			
资产总计				负债和所有者权益总计			

二、运营建议

1. 年初摆盘

第2年公司的年初摆盘是在公司第1年年末盘面的基础上，经过清理改造而成的。其中需要清空实训币的区域有管理费用、税收、利息、折旧、贴息、其他收支、客户等，清空该区域所有实训币的目的是在盘面上只显示第2年的公司运营所支付的相应的实训币。

（1）管理费用

公司第1年年末，盘面上的管理费用区域里放着若干实训币，在清理改造成第2年年初盘面时，管理费用区域内的所有实训币都必须全部移动到盘面外。也就是说，在每年年初的盘面上，管理费用区域都应该是空的，没有任何实训币。

（2）税收

在公司第1年年末的盘面上的税收区域，一定是有1个实训币的。在清理改造成第2年年初的盘面时，该区域的实训币也必须移出盘面。

（3）利息、贴息

在公司第1年年末的盘面上，利息区域放置的是第1年公司运营所产生的全部长期借款利息、短期借款利息，以及贴息的合计数。现在是第2年年初，必须将第1年利息支出的实训币全部移到盘面外，只摆放当年产生的利息支出。

公司只有在执行应收款贴现业务时，才会产生贴息，通常情况下，公司都不存在贴息。

（4）折旧

盘面上只允许摆放当年末计提的所有生产线的折旧额，因此在每年初摆盘时，必须清空该区域的实训币，为本年末的折旧计提腾出位置。

（5）其他收支

在本课程中，其他收支可以简化为公司当年缴纳违约订单罚款的现金额。因此，在第2年年初清理盘面时，必须清空该区域的实训币，为第2年可能产生的其他支出腾出位置。

（6）客户

盘面上客户区域里，应该放置当年提交给客户的全部产品。在第2年年初盘面清理时，必须将第1年末盘面上客户区域的产品全部移出盘面外，为第2年实际提交给客户的所有产品腾出位置。

总之，每年初盘面清理的区域包括管理费用、税收、利息、贴息、折旧、其他收支、客户。每年初盘面清理的原则是清空实训币。

每年年初，除了清理盘面，还需要更新盘面上部分区域的状态。每年年初需要更新状态的区域有产品研发和市场开发。

（7）产品研发

在第2年年初清理盘面时，应该将产品研发区域中所有的实训币都移出盘面。同时，还要根据产品开发的进度更新产品研发标识。例如，已经研发完成的产品，如P2，在经历了第

1年4个季度的研发之后，已经研发成功，此时就要将P2的生产资格正面朝上，放置在盘面上。

对于那些还没有研发完成的产品，如P3或P4等，需要研发6个季度（超过1年），因此在下年年初的盘面清理时，就只能将该区域的所有实训币移出盘面，不能将生产资格标识正面朝上摆放，必须仍然白面朝上。

ISO9000和ISO14000资格认证的年初盘面清理，也和产品研发的年初盘面清理类似，在研发成功之前，年初盘面清理时，只移除实训币，不能更新资格认证的正反面。

（8）市场开拓

市场开拓区域的年初盘面清理和产品研发区域类似，在市场开拓成功之前，在每年年初盘面清理时，只拿走上年支出的实训币，不更新市场标识的正反面。

需要说明的是，生产中心区域里，原处于安装过程中的生产线，如果达到了固定资产的预计可使用状态，其状态也需要更新。但是，生产线的状态更新，不是在每年年初的摆盘中完成，而是在每个季度中的"新建生产线"流程中完成。

2. 广告投放

第2年公司的广告投放策略要结合第1年年末公司产品库中现有的产品库存、本年度的销售计划、产品研发计划、市场开拓计划和生产计划综合考虑，量力而行。广告投放是按照细分后的市场，依次决策的。

例如，本地P1市场投放1M，本地P2市场投放1M，区域P1市场投放2M，区域P2市场投放2M，如表8-11所示。那么第2年年初投放的广告费的合计金额为1M+1M+2M+2M=6M。先从现金桶中拿出6个实训币，放置在盘面上的广告费上，然后在第2年的公司运营流程表的对应位置填写"-6"。

表8-11 公司第2年年初的广告投放单

单位：百万元

市场	P1	P2	P3	P4
本地	1	1		
区域	2	2		
国内				
亚洲				
国际				

广告投放建议：每个细分市场的广告投放量不宜太多，通常不超过5M，也不需要每个细分市场都投放广告。广告费优先投放在具有竞争优势的细分市场上，个别的细分市场可以暂时放弃，即今年年初不该细分市场投放广告费。

3. 产品研发

对于第2年的产品研发，建议选择P3或P4中的一个，不需要两种产品都研发。同时还需要继续研发ISO9000认证。

4. 市场开拓

强烈建议同时开拓多个市场。因为拥有的市场越多、越早,就可以比其他小组更早进入该市场销售产品,产品销售的竞争程度越低,越容易以较低的广告费获得较好的产品销售订单。而且新市场对本公司有资格生产所有产品都是开放的,市场开拓的投入产出比非常高。

任务三 第 3 年公司运营

一、实训用表

第 3 年公司运营所需的实训表格如表 8-12 至表 8-16 所示。

表 8-12 第 3 年公司运营流程表

单位:百万元

序 号	手工操作流程	1季	2季	3季	4季
1	新年度规划会议				
2	广告投放				
3	参加订货会/订单登记				
4	支付应付税				
5	支付长贷利息				
6	更新长期贷款/长期贷款还款				
7	申请长期贷款				
8	季初现金盘点(请填余额)				
9	更新短期贷款/短期贷款还款付息				
10	申请短期贷款				
11	更新应付款/归还应付款				
12	原材料入库/更新原料订单				
13	下原料订单				
14	购买(租用)厂房				
15	更新生产/完工入库				
16	新建/在建/转产/变卖生产线				
17	紧急采购/公司间交易(随时进行)				
18	开始下一批生产				
19	更新应收款/应收款收现/追加权益				
20	按订单交货				
21	厂房出售(自动转租)				
22	产品研发投资				
23	支付管理费及其他				
24	新市场开拓				

续表

序　号	手工操作流程	1季	2季	3季	4季
25	ISO 资格投资				
26	出售库存/公司间交易				
27	应收款贴现（随时）				
28	缴纳违约订单罚款				
29	支付设备维修费				
30	季末收入合计				
31	季末支出合计				
32	季末现金对账（8）+（30）-（31）				
33	年末计提折旧				
34	年末现金余额（结账）				

表 8-13　第 3 年产品销售的订单登记表

单位：百万元

订单号										合计
市场										
产品										
数量										
账期										
总额										
未售										

表 8-14　第 3 年年末的综合管理费用明细表

单位：百万元

项　目	金　额	备　注
管理费		
广告费		
维修费		
租　金		
转产费		
市场准入开拓		□区域　　□国内　　□亚洲　　□国际
ISO 资格认证		□ISO9000　　□ISO14000
产品研发		P2（　　）　P3（　　）　P4（　　）
其　他		
合　计		

表 8-15　第 3 年年末的利润表

单位：百万元

项　目	默认符号	上 年 数	本 年 数
销售收入	+		
直接成本	-		

续表

项　　目	默认符号	上　年　数	本　年　数
毛利	=		
综合费用	−		
折旧前利润	=		
折旧	−		
支付利息前利润	=		
财务收入/支出	−		
其他收入/支出	+		
税前利润	=		
所得税	−		
净利润	=		

表 8-16　第 3 年年末的资产负债表

单位：百万元

资　产		期　初　数	期　末　数	负债和所有者权益		期　初　数	期　末　数
流动资产	现金			负债	长期负债		
	应收款				短期负债		
	在制品				应付账款		
	成品				应交税费		
	原料				一年内到期的长期负债		
流动资产合计				负债合计			
固定资产	土地和建筑			所有者权益	股东资本		
	机器与设备				利润留存		
	在建工程				年度净利		
固定资产合计				所有者权益合计			
资产总计				负债和所有者权益总计			

二、运营建议

1. 年初摆盘

与第 2 年年初摆盘类似，公司第 3 年公司的年初摆盘是在公司第 2 年年末盘面的基础上，经过清理和更新而来的，以后年度的年初摆盘也是这样。

2. 广告投放

如果公司从第 1 年就开始开发"国内"市场，那么公司在第 3 年年初，就拥有了国内市场的准入资格。此时公司优先选择投放国内市场的广告，如国内 P1 市场投 1M，国内 P2 市场投 3M 等。

根据前面的市场预测以及产品销售数量和销售价格的预测，并结合自己公司实际拥有的细分市场，综合考虑广告投放策略。公司可以选择差异化的产品销售策略，在产品和市场上与竞争对手（别的小组）拉开差距、减少竞争，最终降低公司的广告费支出、提高广告投放的效益。

3．新建生产线

由于公司唯一的收入来源就是产品销售带来的销售收入。所以公司一定要千方百计地提高销售收入。提高销售收入的最主要的渠道就是扩大销售量，为此公司就要尽早新建更多、更高级的生产线，提高生产效率、提高产能，以生产出更多的产品。

公司原来拥有的大厂房最多可以容纳 6 条生产线，在第 1 年年初时，已经放置了 4 条生产线，公司应该尽早地新建 2 条生产线，以提高大厂房的使用效率。

如果在第 3 年年初，公司大厂房中已经存在 6 条生产线了，此时公司还要新建生产线的话，就必须要购买或者租赁小厂房。小厂房买价是 30M，一次现金付清。小厂房经营租入的每年租金是 3M。公司在每个季度都可以租入小厂房，每次租金覆盖 4 个季度。到期续租即可。

任务四　第 4 年公司运营

第 4 年公司运营所需的实训表格如表 8-17 至表 8-21 所示。

表 8-17　第 4 年公司运营流程表

单位：百万元

序号	手工操作流程	1 季	2 季	3 季	4 季
1	新年度规划会议				
2	广告投放				
3	参加订货会/订单登记				
4	支付应付税				
5	支付长贷利息				
6	更新长期贷款/长期贷款还款				
7	申请长期贷款				
8	季初现金盘点（请填余额）				
9	更新短期贷款/短期贷款还款付息				
10	申请短期贷款				
11	更新应付款/归还应付款				
12	原材料入库/更新原料订单				
13	下原料订单				
14	购买（租用）厂房				
15	更新生产/完工入库				
16	新建/在建/转产/变卖生产线				

续表

序 号	手工操作流程	1季	2季	3季	4季
17	紧急采购/公司间交易（随时进行）				
18	开始下一批生产				
19	更新应收款/应收款收现/追加权益				
20	按订单交货				
21	厂房出售（自动转租）				
22	产品研发投资				
23	支付管理费及其他				
24	新市场开拓	//////	//////	//////	
25	ISO 资格投资	//////	//////	//////	
26	出售库存/公司间交易				
27	应收款贴现（随时）				
28	缴纳违约订单罚款				
29	支付设备维修费	//////	//////	//////	
30	季末收入合计				
31	季末支出合计				
32	季末现金对账（8）+（30）-（31）				
33	年末计提折旧	//////	//////	//////	
34	年末现金余额（结账）	//////	//////	//////	

表8-18 第4年产品销售的订单登记表

单位：百万元

订单号									合计
市场									
产品									
数量									
账期									
总额									
未售									

表8-19 第4年年末的综合管理费用明细表

单位：百万元

项 目	金 额	备 注
管理费		
广告费		
维修费		
租 金		
转产费		
市场准入开拓		□区域　□国内　□亚洲　□国际
ISO 资格认证		□ISO9000　□ISO14000

续表

项　　目	金　　额	备　　注
产品研发		P2（　　） P3（　　） P4（　　）
其　他		
合　计		

表8-20　第4年年末的利润表

单位：百万元

项　　目	默认符号	上　年　数	本　年　数
销售收入	+		
直接成本	−		
毛利	=		
综合费用	−		
折旧前利润	=		
折旧	−		
支付利息前利润	=		
财务收入/支出	−		
其他收入/支出	+		
税前利润	=		
所得税	−		
净利润	=		

表8-21　第4年年末的资产负债表

单位：百万元

资　　产		期　初　数	期　末　数	负债和所有者权益		期　初　数	期　末　数
流动资产	现金			负债	长期负债		
	应收款				短期负债		
	在制品				应付账款		
	成品				应交税费		
	原料				一年内到期的长期负债		
流动资产合计				负债合计			
固定资产	土地和建筑			所有者权益	股东资本		
	机器与设备				利润留存		
	在建工程				年度净利		
固定资产合计				所有者权益合计			
资产总计				负债和所有者权益总计			

任务五　第 5 年公司运营

第 5 年公司运营所需的实训表格如表 8-22 至表 8-26 所示。

表 8-22　第 5 年公司运营流程表

单位：百万元

序　号	手工操作流程	1 季	2 季	3 季	4 季
1	新年度规划会议				
2	广告投放				
3	参加订货会/订单登记				
4	支付应付税				
5	支付长贷利息				
6	更新长期贷款/长期贷款还款				
7	申请长期贷款				
8	季初现金盘点（请填余额）				
9	更新短期贷款/短期贷款还款付息				
10	申请短期贷款				
11	更新应付款/归还应付款				
12	原材料入库/更新原料订单				
13	下原料订单				
14	购买（租用）厂房				
15	更新生产/完工入库				
16	新建/在建/转产/变卖生产线				
17	紧急采购/公司间交易（随时进行）				
18	开始下一批生产				
19	更新应收款/应收款收现/追加权益				
20	按订单交货				
21	厂房出售（自动转租）				
22	产品研发投资				
23	支付管理费及其他				
24	新市场开拓				
25	ISO 资格投资				
26	出售库存/公司间交易				
27	应收款贴现（随时）				
28	缴纳违约订单罚款				
29	支付设备维修费				
30	季末收入合计				
31	季末支出合计				

续表

序　号	手工操作流程	1季	2季	3季	4季
32	季末现金对账（8）+（30）-（31）				
33	年末计提折旧				
34	年末现金余额（结账）				

表8-23　第5年产品销售的订单登记表

单位：百万元

订单号										合计
市场										
产品										
数量										
账期										
总额										
未售										

表8-24　第5年年末的综合管理费用明细表

单位：百万元

项　目	金　额	备　注
管理费		
广告费		
维修费		
租　金		
转产费		
市场准入开拓		□区域　　□国内　　□亚洲　　□国际
ISO资格认证		□ISO9000　　□ISO14000
产品研发		P2（　　）　P3（　　）　P4（　　）
其　他		
合　计		

表8-25　第5年年末的利润表

单位：百万元

项　目	默认符号	上　年　数	本　年　数
销售收入	+		
直接成本	-		
毛利	=		
综合费用	-		
折旧前利润	=		
折旧	-		
支付利息前利润	=		
财务收入/支出	-		
其他收入/支出	+		

续表

项　目	默认符号	上　年　数	本　年　数
税前利润	=		
所得税	−		
净利润	=		

表 8-26　第 5 年年末的资产负债表

单位：百万元

资产		期　初　数	期　末　数	负债和所有者权益		期　初　数	期　末　数
流动资产	现金			负债	长期负债		
	应收款				短期负债		
	在制品				应付账款		
	成品				应交税费		
	原料				一年内到期的长期负债		
流动资产合计				负债合计			
固定资产	土地和建筑			所有者权益	股东资本		
	机器与设备				利润留存		
	在建工程				年度净利		
固定资产合计				所有者权益合计			
资产总计				负债和所有者权益总计			

任务六　第 6 年公司运营

第 6 年公司运营所需的实训表格如表 8-27 至表 8-31 所示。

表 8-27　第 6 年公司运营流程表

单位：百万元

序　号	手工操作流程	1 季	2 季	3 季	4 季
1	新年度规划会议				
2	广告投放				
3	参加订货会/订单登记				
4	支付应付税				
5	支付长贷利息				
6	更新长期贷款/长期贷款还款				
7	申请长期贷款				
8	季初现金盘点（请填余额）				
9	更新短期贷款/短期贷款还款付息				
10	申请短期贷款				

续表

序 号	手工操作流程	1季	2季	3季	4季
11	更新应付款/归还应付款				
12	原材料入库/更新原料订单				
13	下原料订单				
14	购买（租用）厂房				
15	更新生产/完工入库				
16	新建/在建/转产/变卖生产线				
17	紧急采购/公司间交易（随时进行）				
18	开始下一批生产				
19	更新应收款/应收款收现/追加权益				
20	按订单交货				
21	厂房出售（自动转租）				
22	产品研发投资				
23	支付管理费及其他				
24	新市场开拓	/////	/////	/////	
25	ISO 资格投资	/////	/////	/////	
26	出售库存/公司间交易				
27	应收款贴现（随时）				
28	缴纳违约订单罚款				
29	支付设备维修费	/////	/////	/////	
30	季末收入合计				
31	季末支出合计				
32	季末现金对账（8）+（30）-（31）				
33	年末计提折旧	/////	/////	/////	
34	年末现金余额（结账）				

表8-28 第6年产品销售的订单登记表

单位：百万元

订单号											合计
市场											/////
产品											/////
数量											/////
账期											/////
总额											
未售											

表8-29 第6年年末的综合管理费用明细表

单位：百万元

项 目	金 额	备 注
管理费		
广告费		

续表

项　　目	金　　额	备　　注
维修费		
租　金		
转产费		
市场准入开拓		□区域　　□国内　　□亚洲　　□国际
ISO资格认证		□ISO9000　　□ISO14000
产品研发		P2（　　）　P3（　　）　P4（　　）
其　他		
合　计		

表8-30　第6年年末的利润表

单位：百万元

项　　目	默认符号	上　年　数	本　年　数
销售收入	+		
直接成本	-		
毛利	=		
综合费用	-		
折旧前利润	=		
折旧	-		
支付利息前利润	=		
财务收入/支出	-		
其他收入/支出	+		
税前利润	=		
所得税	-		
净利润	=		

表8-31　第6年年末的资产负债表

单位：百万元

资　产		期初数	期末数	负债和所有者权益		期初数	期末数
流动资产	现金			负债	长期负债		
	应收款				短期负债		
	在制品				应付账款		
	成品				应交税费		
	原料				一年内到期的长期负债		
流动资产合计				负债合计			
固定资产	土地和建筑			所有者权益	股东资本		
	机器与设备				利润留存		
	在建工程				年度净利		
固定资产合计				所有者权益合计			
资产总计				负债和所有者权益总计			

项目小结

本项目主要阐述了各公司（小组）自主决策、独立会计核算的第 1 年至第 6 年的全部生产运营过程。每家公司的每张表格中的数据都各不相同。每年年末，每家公司向任课教师提交当年的综合管理费用明细表、利润表和资产负债表数据，审核通过后，方可进入下一会计年度的生产运营的走盘和记录。

在本教材中，只给出了前 3 年的公司运营建议。这是因为公司运营发展战略需要 6 年一以贯之，不得随意变更。前 3 年是确定各家公司个性化生产运营的关键时期，后 3 年公司的生产运营活动主要是继承和延续了以前年度的生产经营决策，通常很少有新的生产变化，这也体现了持续经营假设。

附录 A

复习题

中文部分

一、期初状态数据

1. 生产数据

生产业务假设满足以下条件。

（1）假设本年不转产，也不变卖生产线。

（2）在原材料供应充足的情况下，生产过程持续投产，不间断。

（3）拥有大厂房 1 个，价值 40M，本期不租不售厂房。

（4）本年年初拥有 P1 和 P2 的生产资格。

（5）未取得 ISO9000 和 ISO14000 认证。

期初生产线的配置及在产品的分布如表 A-1 所示。

表 A-1 生产线及在产品分布表

单位：百万元

	手 工	半 自 动	半 自 动	全 自 动
1Q		P2	P2	P2
2Q	P1			
3Q				
净值	2	2	2	15

2. 物流数据

（1）期初库存为 3 个 R1、2 个 P1；

（2）上年第 4 季度下了 2 个 R1、3 个 R2 的原料订单。本年度下的原料订单见公司运营流程表。

3. 财务数据

（1）期初财务数据，请查看期初资产负债表；

（2）期初应收账款，账期为第 2 期；

（3）长期负债为 5 年期的长期借款。

4. 市场数据

当前已经开拓了本地和区域市场，其他市场均未开拓。

二、本期业务和决策

1. 市场决策

（1）广告投放情况见广告投放单；

（2）订单情况见订单登记表。要求一旦满足库存就必须按订单交货。同类产品两个以上订单都满足交货条件的，必须先交金额较大的订单。订单不能转让；

（3）本年拟开发国内市场。

2. 生产决策

（1）本年生产保持连续投产，不间断；

（2）本年不做 ISO9000 和 ISO14000 认证投资；

（3）本年拟从第 1 季度开始连续研发 P3 和 P4 产品；

（4）本期厂房不变动，生产线不转产，本年第 2 季度开始新建 1 条柔性生产线。

3. 物流决策

（1）采购的原料订见公司运营流程表数据。各期均严格按照订单数量入库；

（2）本年没有组间交易发生。

4. 财务决策

（1）年初借入 20M 的 3 年期长期借款；

（2）没有其他借款。没有应收款贴现；

（3）每季度发生 1M 的管理费。

三、答题要求

（1）所有的规则均遵循上课时介绍的规则。

（2）根据期初数据和本年决策要求，将表 A-2 到表 A-8 中的数据补充完整，包括公司运营流程表、订单登记表、管理费用明细表、利润表和资产负债表。并根据本期推演结果将期末的最终状态填入"期末状态表"。

（3）根据期末报表计算本年度期末财务指标。（百分比形式，保留两位小数位，四舍五入）

资产负债率=（　　　　　），毛利率=（　　　　　）。

（4）如果该企业本期发生借款，最多能新增贷款（　　　）M，并说明原因。

（5）如果本年年初做贴现，能贴到现金（　　　）M，贴息（　　　）M。

（6）分析本年该企业的决策，提出管理建议。（加分题5分）

表 A-2　公司运营流程表

单位：百万元

序　号	手工操作流程		1 季	2 季	3 季	4 季
1	广告投放					
2	支付应付税					
3	支付长贷利息					
4	更新长期贷款/长期贷款还款					
5	申请长期贷款					
6	季初盘点（请填余额）					
7	更新短期贷款/短期贷款还本付息					
8	申请短期贷款					
9	原材料入库/更新原料订单（金额）					
		入库明细数量	R1＿＿R2 R3＿＿R4	R1＿＿R2 R3＿＿R4	R1＿＿R2 R3＿＿R4	R1＿＿R2 R3＿＿R4
10	下原料订单（明细数量）		R1　(1) R2　(2) R3＿＿R4	R1　(2) R2　(2) R3＿＿R4	R1　(2) R2　(2) R3＿＿R4	R1　(2) R2　(1) R3＿＿R4
11	购买（租用）厂房					
12	更新生产/完工入库					
		完工明细数量	P1＿＿P2 P3＿＿P4	P1＿＿P2 P3＿＿P4	P1＿＿P2 P3＿＿P4	P1＿＿P2 P3＿＿P4
13	新建/在建/转产/变卖生产线					
14	开始下一批生产（金额）					
		投产明细数量	P1＿＿P2 P3＿＿P4	P1＿＿P2 P3＿＿P4	P1＿＿P2 P3＿＿P4	P1＿＿P2 P3＿＿P4
15	更新应收款/应收款收现					
	应收款期末余额账期分布					1Q＿＿2Q 3Q＿＿4Q
16	按订单交货					
17	厂房出售（自动转租）					
18	产品研发投资					
19	支付管理费及其他					
20	新市场开拓					

续表

序 号	手工操作流程	1季	2季	3季	4季
21	ISO资格投资	/////	/////	/////	
22	出售库存/企业间交易				
23	应收款贴现（随时）				
24	缴纳违约订单罚款				
25	支付设备维护费	/////	/////	/////	
26	季末收入合计				
27	季末支出合计				
28	季末数额对账				
29	计提折旧	/////	/////	/////	( )

表A-3 广告投放单

单位：百万元

市　场	P1	P2	P3	P4
本地	2			
区域		4		
国内				
亚洲				
国际				

表A-4 订单登记表

单位：百万元

订　单　号	1	2	3		合计
市场	本地	区域	区域		/////
产品	P1	P2	P2		/////
数量	3	3	4		/////
账期	2	2	1		/////
销售额	10	14	20		
成本					

表A-5 综合管理费用明细表

单位：百万元

项　目	金　额	备　注
管理费		
广告费		
维护费		
租　金		
市场准入开拓		□区域　　☑国内 □亚洲　　□国际
ISO资格认证		□ISO9000　　□ISO14000

续表

项　目	金　额	备　注
产品研发		P2（　） P3（　） P4（　）
其　他		
合　计		

表 A-6　利润表

单位：百万元

项　目		上　年　数	本　年　数
销售收入	+	35	
直接成本	-	12	
毛利	=	23	
综合费用	-	11	
折旧前利润	=	12	
折旧	-	4	
支付利息前利润	=	8	
财务收入/支出	-	4	
其他收入/支出	+	0	
税前利润	=	4	
所得税	+/-	1	
净利润	=	3	

表 A-7　资产负债表

单位：百万元

资　产		期　初　数	期　末　数	负债和所有者权益		期　初　数	期　末　数
流动资产	现金	20		负债	长期负债	40	
	应收款	15			短期负债		
	在制品	11			应付账款		
	成品	4			应交税费	1	
	原料	3			一年内到期的长期负债		
流动资产合计		53		负债合计		41	
固定资产	土地和建筑	40		所有者权益	股东资本	50	
	机器与设备	21			利润留存	20	
	在建工程				年度净利	3	
固定资产合计		61		所有者权益合计		73	
资产总计		114		负债和所有者权益总计		114	

表 A-8　期末状态表

单位：个/条

项　　目	数　　量	项　　目	数　　量
大厂房		本地市场	
小厂房		区域市场	
手工线		国内市场	
半自动		亚洲市场	
全自动		国际市场	
柔性线		ISO9000	
P1 资格		ISO14000	
P2 资格			
P3 资格			
P4 资格			

英文部分

Part1: 2nd year-start status data

1．production data

Production procedure assumptions:

（1）Assuming none product conversion and none sale of production line this year.

（2）In the case of sufficient supply of raw materials, the production process continues to be put into production without interruption.

（3）The company owns 1 big workshop, valuing 40M, without selling or leasing this year.

（4）The company has the production qualification of P1 and P2.

（5）The company has no ISO9000 or ISO14000 qualification.

Table A-1 shows the year-start production lines' configurations.

Table A-1　The year-start production lines' configurations

	Manual Line	Semi-auto Line 1	Semi-auto Line 2	Auto Line
1Q		P2	P2	P2
2Q	P1			
3Q				
Net value	2	2	2	15

2. logistics data

(1) year-start inventory: 3R1 materials and 2P1 products.

(2) In the 4th quarter of the last year, the company ordered 2R1 and 3R2 materials. The material orders this year are shown in the Company operating process table.

3. financial data

(1) Year-start financial date are shown in "year-start" column of the balance sheet.

(2) the year-start account receivable is 2 quarters.

(3) Long-term borrowing is with a five-year maturity.

4. product market data

The company has entered the local and regional markets, no other markets.

Part2: Business and decisions for this year

1. Market decisions

(1) the advertisement data are shown in the AD placement sheet.

(2) Order data can be found on the Order registration form. Require the company delivery the order once the stock reaches the order's quantity. If two or more orders of the same kind of products meet the delivery quantities, the order with a larger amount must be submitted first. Order is not transferable.

(3) this year the company wants to develop the DEMESTIC market.

2. production decisions

(1) this year all the production lines keep producing without interruption.

(2) The company do not invest in the ISO9000 or ISO14000 qualifications.

(3) the company wants to start developing the P3 and P4 products from the 1st quarter of this year.

(4) No change is occurred on the workshop. No product swift is occurred on the production lines. The company plans to build a new soft production line from the 2nd quarter of this year.

3. logistics decisions

(1) the 4 quarters' material orders are shown in the Company operating process table, the company stores in strict accordance with the order quantity.

(2) none business happened between groups.

4. financial decisions

(1) at the beginning of this year, the company borrows a 3-year long-term borrowings.

(2) the company has no other loans, neither discount of receivables.

(3) the company has a 1M management expense for each quarter.

Part3: Answering instructions

(1) All the rules must apply the same ones explained during the class.

(2) Fill in the tables from A-2 to A-8 according to the year-start data and the decisions for this year. The tables include the company operating process sheet, order registration sheet, administrative expense statement, income statement and balance sheet .According to the result data of the year-end status, the final state data should be filled in the "final state table".

(3) Calculate the financial indicators at the end of the year based on the final statements. The answer data must be In percentage form, keep two decimal places and round.

The debt-to-assets ratio is (%), and the gross profit rate is (%).

(4) If the company wants to get more loans, how much loans can it get at most? write the reasons.

(5) If the company wants to discount the receivables, how much cash can the company get? How much is the interest subsidy?

(6) Please analyse the company's decisions for this year, and then give some targeted management proposals. (Bonus Question, 10 points)

Table A-2 The company operating process sheet

Unit: million RMB

Order NO.	Operating processes	1st quarter	2nd quarter	3rd quarter	4th quarter
1	AD investing				
2	Pay the tax				
3	Pay interest on long loans				
4	Renewal/repay long-term loans				
5	Apply for long-term loans				
6	QTD cash verification(balance)				
7	Renewal/repay capital with interest short-term loans				
8	Apply for long-term loans				
9	Warehouse/renewal of raw material orders (amount)				
	Detailed quantities of warehousing	R1____ R2____ R3____ R4____	R1____ R2____ R3____ R4____	R1____ R2____ R3____ R4____	R1____ R2____ R3____ R4____
10	Place an order for raw materials (Detailed quantities)	R1_(1)_ R2_(2)_ R3____ R4____	R1_(2)_ R2_(2)_ R3____ R4____	R1_(2)_ R2_(2)_ R3____ R4____	R1_(2)_ R2_(1)_ R3____ R4____
11	Purchase /rent workshop				
12	Update production/finished warehousing				

续表

Order NO.	Operating processes	1st quarter	2nd quarter	3rd quarter	4th quarter
12	Detailed quantities finished	P1___P2 P3___P4	P1___P2 P3___P4	P1___P2 P3___P4	P1___P2 P3___P4
13	Start or continue to construct/convert/sell the production lines				
14	Start the next batch of production (amount)				
	Detailed quantities put into production	P1___P2 P3___P4	P1___P2 P3___P4	P1___P2 P3___P4	P1___P2 P3___P4
15	Update/cash collect receivables				
	Periods distribution of quart-end balances of receivables				1Q___2Q 3Q___4Q
16	Delivery to order				
17	Sell workshop (Automatic sublet)				
18	Invest in new product development				
19	Pay administrative fees and others				
20	Develop new markets	/////	/////	/////	
21	Invest in ISO qualifications	/////	/////	/////	
22	Sell product inventory/inter-company transactions				
23	Discount the receivables (at any time)				
24	Pay default order penalty				
25	Pay equipment maintenance	/////	/////	/////	
26	Total quarter end revenue				
27	Total quarter end expenditures				
28	Quarter end cash reconciliation (balance)				
29	Annual depreciation	/////	/////	/////	( )

Table A-3　AD placement sheet

Unit: million RMB

Market	P1	P2	P3	P4
local	2			
regional		4		
domestic				
Asian				
international				

Table A-4　Order registration form

Unit: million RMB

Order NO.	1	2	3		total
market	local	regional	regional		
product	P1	P2	P2		
quantity	3	3	4		
payment days	2	2	1		
amount of sales	10	14	20		
cost					

Table A-5　Summary of general management expenses

Unit: million RMB

Item	Amount	MEMO.
Administrative expense		
Advertising expense		
Maintenance charge		
Rent		
New market development expense		□regional　□domestic　□Asian　□international
ISO qualification expense		□ISO9000　　　　　　　　□ISO14000
Developing new product expense		P2(　)　　　P3(　)　　　P4(　)
Others		
Total		

Table A-6　Income statement

Unit: million RMB

Item		Amount last year	Amount this year
sales proceeds	+	35	
Direct cost	−	12	
Gross margin	=	23	
General management expenses	−	11	
Profit before depreciation	=	12	
Depreciation	−	4	
Profit before interest paid	=	8	
Financial income/expenditure	−	4	
Other income/expenditure	+	0	
Pretax profit	=	4	
Income tax	+/−	1	
Net margin	=	3	

Table A-7 The balance sheet

Unit: million RMB

Assets		Year-start amount	Year-end amount	Liabilities and owner's equity		Year-start amount	Year-end amount
Liquid assets	Cash	20		Liabilities	Long-term loans	40	
	Receivables	15			Short-term loans		
	Work-in-process	11			Accounts payable		
	Products	4			Tax payable	1	
	Materials	3			Long bonds that matures within one year		
Subtotal liquid assets:		53		Subtotal liabilities		41	
Fixed assets	Plant and building	40		Owner's equity	Equity capital	50	
	Machine and equipment	21			Retained earnings	20	
	construction in process				Annual net margin	3	
Subtotal fixed assets		61		Subtotal owner's equity		73	
Total assets		114		Total equity		114	

Table A-8 year-end status form

Unit: line/a

	Quantity		Quantity
Big workshop		Local market	
Small workshop		Regional market	
Manual line		Domestic market	
Semi-auto line		Asian market	
Auto line		International market	
Soft line		ISO9000 certification	
P1 qualification		ISO14000 certification	
P2 qualification			
P3 qualification			
P4 qualification			

附录 B

复习题解析与答案

说明：复习题中的"今年"是指"第 2 年"，这一点可以从各表格中的标题看出。

一、公司运营流程表

（一）第 1 季度

1．广告投放

由复习题的广告投放单可知，公司第 2 年年初的广告投放总金额=投放本地 P1 市场的 2M+投放区域 P2 市场的 4M=6M，故此处应填写"-6"。

如果题目中没有给出年初的广告投放单数据，而是要求按学号信息填写相应的答案，如按"学号末位"填写答案，则要求学生根据自己的完整学号的最后一位数字来填写广告投放金额。例如，某学生的学号为 2021402047，即学号末位为"7"，故此处应填写"-7"。

2．支付应付税

此处应填写的是公司实际缴纳的上一年年末的企业所得税金额。由复习题中的利润表中"所得税"的"上年数"可知，公司去年的"所得税"金额为 1M，故应此处应填写"-1"。

3．支付长贷利息

由复习题中的资产负债表可知，公司"长期负债"的"期初"金额为 40M，计算公司今年年初应缴纳的长贷利息金额=40M×10%=4M，故此处应填写"-4"。

4．更新长期贷款/长期贷款还款

由题目文字部分的"一、期初状态数据"中的"3.财务数据"中的"（3）长期负债为 5 年期的长期借款"可知，这 40M 的长期贷款都是 FY5，更新后应为 FY4，还未到期，无须偿还该笔长期贷款的本金。故此处应填写"√"。（在计算机阅卷时，非数字的各种符号，比如

"√"或者"×",都统一被认作是数字0)

5. 申请长期贷款

由题目中的"二、本期业务和决策"中的"4.财务决策"中的"(1)年初借入20M的3年期长期借款"可知,此处需要申请FY3-20M,故此处应填写"20"。

6. 季初盘点(请填余额)

计算第1季度初(不是年初)的现金余额=年初的长期贷款-广告投放-支付应付税-支付长贷利息+申请长期贷款,即20M-6M-1M-4M+20M=29M,故此处应填写"29"。

7. 更新短期贷款/短期贷款还本付息

由表A-7资产负债表中"短期负债"的"期初"数据可知,公司目前不存在短期负债,因此无须更新短期贷款或短期贷款还本付息,故此处应填写"×"。

8. 申请短期贷款

由题目中的"二、本期业务和决策"中的"4.财务决策"中的"(2)没有其他借款。没有应收款贴现"可知,公司今年不准备申请短期贷款。故公司运营流程表中,4个季度的"申请短期贷款"栏都可以填写"×"。

9. 原材料入库/更新原料订单(金额)

根据题目"二、本期业务和决策"中的"3.物流决策"中的"(1)采购的原料订单见公司运营流程表数据。各期均严格按照订单数量入库"可知,第1季度入库的原材料应为题目中"一、期初状态数据"中的"2.物流数据"中的"(2)上年第4季度,下了2个R1、3个R2的原料订单。本年度下的原料订单见公司运营流程表",计算此处应支付的材料款=2M+3M=5M,故此处应填写"-5"。

入库明细数量:R1 __2__ R2 __3__ R3____ R4____。由题目中"一、期初状态数据"中的"1.生产数据"中的"(4)本年年初拥有P1和P2的生产资格",以及题目中"二、本期业务和决策"中的"2.生产决策"中的"(3)本年拟从第1季度开始连续研发P3和P4产品"可知,公司今年只能生产P1和P2产品,不能生产P3和P4产品。由产品结构可知,生产P1和P2产品,只需要R1和R2原材料,不需要R3和R4原材料。

计算机阅卷时,空白也被认作是数字0,因此卷面上涉及R3、R4、P3、P4的答题处都可以填0,或者空着。

10. 下原料订单(明细数量)

公司运营流程表中的此栏,不需要学生填写,题目中已经给出了具体的数据。

11. 购买(租用)厂房

由题目中"一、期初状态数据"中的"1.生产数据"中的"(3)拥有大厂房1个,价值40M,本期不租不售厂房",以及"二、本期业务和决策"中的"2.生产决策"中的"(4)本期厂房不变动，生产线不转产，本年第 2 季度开始新建 1 条柔性生产线"可知，公司今年 4 个季度的此栏都应填写"×"。

12. 更新生产/完工入库

此处推荐学生使用物流推演表，空表如表 B-1 所示。

表 B-1　空白的物流推演表

单位：个

年初	R1	R2		手工	半自动	半自动	全自动	P1	P2
			3Q						
			2Q						
			1Q						
第 1 季度				手工	半自动	半自动	全自动		
入库			3Q						
出库			2Q						
结存			1Q						
第 2 季度				手工	半自动	半自动	全自动		
入库			3Q						
出库			2Q						
结存			1Q						
第 3 季度				手工	半自动	半自动	全自动		
入库			3Q						
出库			2Q						
结存			1Q						
第 4 季度				手工	半自动	半自动	全自动		
入库			3Q						
出库			2Q						
结存			1Q						

现在开始填写物流推演表。首先填写年初数量。由题目中"一、期初数据"中的"2. 物流数据"中的"（1）期初库存为 3 个 R1、2 个 P1"可知，R1 的数量为 3、R2 的数量为 0、P1 的数量为 1、P2 的数量为 0。由题目中的"生产线及在产品分布表"可知，1 条手工线上的在产品为 P1，处于 2Q 阶段；2 条半自动线上的在产品均为 P2，均处于 1Q 阶段；1 条全自动线上的在产品为 P2，处于 1Q 阶段。填好的年初数据如表 B-2 所示。

在有的试题中，为了使每位学生的具体数据各不相同，独立计算，不会直接给出各条生产线上在产品的期数，如 1Q、2Q 或 3Q，而是要求学生根据"学号末二位"来判断，如学号 2021402047 的学号倒数第二位为"4"，但是物流推演表中最多只有 3Q，不存在 4Q，此时需要用到函数 MOD（4）=1，即用 4 除以 3 后取余数 1，也就表示 1Q。

其次开始填写第 1 季度数据。由上面的答题可知，第 1 季度原材料 R1 入库 2 个、R2 入库 3 个，经过更新生产/完工入库流程，手工线上的 P1 移动到 3Q 阶段，2 条半自动线上的

P2 均移动到 2Q 阶段，1 条全自动线上的 P2 完工入库，于是第 1 季度 P1 入库 0 个、P2 入库 1 个，如表 B-2 中的第 1 季度部分所示。完工入库后，这条全自动线暂时空闲，等到"开始下一批生产"流程时再投产。

表 B-2 物流推演表年初数据

单位：个

年初	R1	R2		手工	半自动	半自动	全自动	P1	P2
	3	0	3Q					1	0
			2Q	P1					
			1Q		P2	P2	P2		

通过动态更新物流推演表可知，此处更新生产/完工入库栏应填"√"，下一行的完工明细数量应填写为"P1_0_P2_1_P3___P4___"。

13．新建/在建/转产/变卖生产线

为了简化计算，本题中只涉及生产线的新建和在建，不涉及转产和变卖生产线。由题目中"二、本期业务和决策"中的"2.生产决策"中的"（4）本期厂房不变动，生产线不转产，本年第 2 季度开始新建 1 条柔性生产线"可知，现在是第 1 季度，不涉及生产线的新建和在建，故此处应填写"×"。

说明：每条柔性生产线的总购置费用为 20M，购置费用根据生产线的安装周期分期平均支付。柔性线的安装周期为 4Q，所以每个季度支付 5M。从"2 季"开始，此栏分别填写"-5" "-5"和"-5"。这条柔性线今年末处于"在建工程"状态，今年累计投资该柔性线的金额= 5M+5M+5M=15M。

14．开始下一批生产（金额）

由上面的答题可知，今年使用中的生产线只有以上 4 条，不包括新建的柔性线。由于第 1 季度只有 1 条全自动线完工入库，暂时处于空闲状态，可以开始下一批生产。题目中已经说明"生产线不转产"，因此该全自动线只能投产 P2 产品，因此第 1 季度开始下一批生产时，"开始下一批生产（金额）"栏应填"-1"，投产明细数量应填"P1_0_P2_1_P3___P4___"。

此时学生需要同步填写物流推演表。由 P2 的产品结构 P2=R1+R2+1M 可知，每投产 1 个 P2，需要领用 1 个 R1 和 1 个 R2，外加 1M 的现金加工费。在表 B-2 的基础上，继续填上第 1 季度 R1 出库 1 个，R2 出库 1 个，然后在全自动线的 1Q 阶段填上"P2"。

接下来计算并填列第 2 季度末原料库和成品库的结存数量。第 1 季度末：R1 结存=年初+入库-出库 1=3+2-1=4，R2 结存=年初+入库-出库=0+3-1=2，如表 B-3 所示。

表 B-3 第 1 季度末的部分物流推演表

单位：个

第 1 季度	R1	R2		手工	半自动	半自动	全自动	P1	P2
入库	2	3	3Q	P1				0	1
出库	1	1	2Q		P2	P2		0	0
结存	4	2	1Q				P2	2	1

15. 更新应收款/应收款收现

虽然题目中只要求写出年末的应收账款期末余额账期分布，但是为了确保年末计算结果的连续性和正确性，建议学生每个季度都要详细写出应收账款余额账期分布。

由表 A-7 资产负债表中的"应收款"的"期初"数据可知，今年年初应收账款余额为 15M。由题目中"一、期初状态数据"中的"3.财务数据"中的"（2）期初应收账款，账期为第 2 期。"可知，只有一笔应收款，该笔应收款处于 2Q 阶段。故此处的"更新应收款/应收款收现"栏应填写"√"，下一行的"应收款期末余额账期分布"应是"1Q 15"。

16. 按订单交货

由表 B-3 第 1 季度末的物流推演表可知，此时成品库中有 P1 产品 2 个、P2 产品 1 个。再由题目中的表 A-4 订单登记表可知，库存不满足本年度的 3 个产品销售订单的交货数量要求，无法交货，故此处应填写"×"。同时还需填写物流推演表：第 1 季度的 P1 出库 0 个，P2 出库 0 个，计算并填列第 1 季度末 P1 结存 2 个，P2 结存 1 个，如表 B-3 所示。

17. 厂房出售（自动转租）

由题目中"一、期初状态数据"中的"1.生产数据"中的"（3）拥有大厂房 1 个，价值 40M，本期不租不售厂房"可知，今年厂房不租不售，故此处应填写"×"。

18. 产品研发投资

由题目中"二、本期业务和决策"中的"2.生产决策"中的"（3）本年拟从第 1 季度开始连续研发 P3 和 P4 产品"可知，此处应填写"-2"。因为 P3 和 P4 的研发周期都是 6 个季度，每个季度每个产品须用现金支付 1M 的研发费用。实际上，在表 A-2 公司运营流程表中，该栏今年 4 个季度的数据均应填写"-2"。

19. 支付管理费及其他

由题目中"二、本期业务和决策"中的"4.财务决策"中的"（3）每季度发生 1M 的管理费"可知，在表 A-2 公司运营流程表中，该栏今年 4 个季度的数据均应填写"-1"。

20. 新市场开拓

该栏前 3 个季度都不填写，只填"4 季"列的数据。

21. ISO 资格投资

该栏前 3 个季度都不填写，只填"4 季"列的数据。

22. 出售库存/企业间交易

由题目中的"二、本期业务和决策"中的"3.物流决策"中的"（2）本年没有组间交易发生"可知，在表 A-2 公司运营流程表中，该栏今年 4 个季度的数据均应填写"×"。

23．应收款贴现（随时）

由题目中的"二、本期业务和决策"中的"4.财务决策"中的"（2）没有其他借款。没有应收款贴现"可知，在表 A-2 公司运营流程表中，该栏今年 4 个季度的数据均应填写"×"。

24．缴纳违约订单罚款

由于表 A-4 订单登记表中的 3 个订单在年底前交货即可，因此只有在第 4 季度才考虑有无订单违约及罚款问题。故该栏前 3 个季度都填写"×"，只填写"4 季"列的数据。

25．支付设备维护费

该栏前 3 个季度都不填写，只填写"4 季"列的数据。

26．季末收入合计

季末收入合计统计的是从"季初盘点（请填余额）"下一行开始，到此栏上一行结束的"1 季"区间内所有正数金额的合计数。由于今年第 1 季度的对应区域没有正数，故此处应填写"0"。

27．季末支出合计

季末收入合计统计的是从"季初盘点（请填余额）"下一行开始，到此栏上一行结束的"1 季"区间内所有负数金额的合计数。计算今年第 1 季度的季末支出合计+原材料入库+开始下一批生产+产品研发投资+支付管理费及其他=-5M-1M-2M-1M=-9M。故此处应填写"-9"。

28．季末数额对账

季末数额对账=季初盘点（请填余额）+季末收入合计-季末支出合计=29M+0M-9M=20M。故此处应填写"20"。

29．计提折旧

该栏前 3 个季度都不填写，只填写"4 季"列的数据。

（二）第 2 季度

1．季初盘点（请填余额）

第 2 季度初的现金余额=第 1 季度末的"季末数额对账"=20M，故此处应填写"20"。

2．更新短期贷款/短期贷款还本付息

由于公司目前不存在短期负债，因此无须更新短期贷款或短期贷款还本付息，故此处应填写"×"。

3. 申请短期贷款

除非万不得已，公司不会借款，故此处应填写"×"。

4. 原材料入库/更新原料订单（金额）

根据题目可知，公司第 2 季度入库的原材料金额，应根据公司运营流程表中"1 季"的"下原料订单"数据"R1__(1)__ R2__(2)__ R3____ R4____"填列。计算此处应支付的材料款=1M+2M=3M，故此处应填写"-3"。

入库明细数量：R1 __1__ R2 __2__ R3____ R4____。同时填写物流推演表中，第 2 季度 R1 入库 1 个，R2 入库 2 个。

5. 更新生产/完工入库

此处应先填写物流推演表中的第 2 季度数据：1 条手工线上的 P1 完工入库，2 条半自动线上的 P2 都完工入库，1 条全自动线上的 P2 也完工入库。第 2 季度共计：P1 完工入库 1 个，P2 完工入库 3 个，如表 B-4 所示。

表 B-4 第 2 季度末的部分物流推演表

单位：个

第 2 季度	R1	R2		手工	半自动	半自动	全自动	P1	P2
入库	1	2	3Q					1	3
出库	4	3	2Q					3	4
结存	1	1	1Q	P1	P2	P2	P2	0	0

通过动态更新物流推演表可知，此处更新生产/完工入库栏应填写"√"，下一行的完工明细数量应填"P1__1__ P2__3__ P3____ P4____"。

6. 新建/在建/转产/变卖生产线

由题目中"本年第 2 季度开始新建一条柔性生产线"可知，现在是第 2 季度，故此处应填写"-5"。

7. 开始下一批生产（金额）

今年使用中的生产线共有 4 条，不包括新建的柔性线。第 2 季度所有生产线均暂时处于空闲状态，都可以开始下一批生产。由于"生产线不转产"，因此第 2 季度开始下一批生产（金额）栏应填写"-4"，投产明细数量应填"P1__1__ P2__3__ P3____ P4____"。

此时学生需要同步填写物流推演表。由 P1 的产品结构 P1=R1+1M、P2 的产品结构 P2=R1+R2+1M 可知，每投产一个 P1，需要领用出库 1 个 R1，外加 1M 的现金加工费；每投产 1 个 P2，需要领用 1 个 R1 和 1 个 R2，外加 1M 的现金加工费。在表 B-4 中，继续填写第 2 季度 R1 出库 4 个、R2 出库 3 个，然后在 4 条生产线的 1Q 阶段，全部填写"P2"。

接下来计算并填列第 2 季度末原料库和成品库的结存数量。第 2 季度末：R1 结存=第 1

季度末结存+入库-出库=4+1-4=1；R2 结存=第 1 季度末结存+入库-出库=2+2-3=1，如表 B-4 所示。

8．更新应收款/应收款收现

由"1 季"的"更新应收款/应收款收现"栏"√"，以及下一行的"应收款期末余额账期分布"的"1Q_15_"可知，"2 季"的"更新应收款/应收款收现"栏应填"15"，以及下一行的"应收款期末余额账期分布"应为"1Q_20_　2Q_10_"。

9．按订单交货

由表 B-4 物流推演表可知，此时成品库中有 P1 产品 3 个、P2 产品 4 个。再由题目中的表 A-4 订单登记表可知，本年度的 3 个产品销售订单，可以交付其中的 2 个订单。根据题目中"二、本期业务和决策"中的"1．市场决策"中的"（2）订单数据见订单登记表。要求一旦满足库存就必须按订单交货。同类产品两个以上订单都满足交货条件的，必须先交金额较大的订单。订单不能转让"的要求，选择订单 1 和订单 3 交货。

同时还须填写物流推演表：第 2 季度的 P1 出库 3 个、P2 出库 4 个，计算并填列第 2 季度末 P1 结存 0 个、P2 结存 0 个，如表 B-4 所示。

另外，还要再次更新应收款数据，因为订单 1 交货，得到了 2Q-10M；订单 3 交货，又得到了 1Q-20M。第 2 季度再次更新后的应收账款余额和账期分别为"1Q_20_　2Q_10_"。

10．厂房出售（自动转租）

由题目可知，今年厂房不租不售，故此处应填写"×"。

11．产品研发投资

此处应填写"-2"，详情请参见"第 1 季度"的对应解析。

12．支付管理费及其他

此处应填写"-1"，详情请参见"第 1 季度"的对应解析。

13．出售库存/企业间交易

此处应填写"×"，详情请参见"第 1 季度"的对应解析。

14．应收款贴现（随时）

此处应填写"×"，详情请参见"第 1 季度"的对应解析。

15．缴纳违约订单罚款

前 3 个季度均填写"×"，只有第 4 季度才可能产生违约订单罚款。

16．季末收入合计

季末收入合计统计的是从"季初盘点（请填余额）"下一行开始，到此栏上一行结束的"2

季"区间内，所有正数金额的合计数。由于公司运营流程表中，今年第 2 季度的对应区域只有一个正数（应收变现的 15M），故此处应填写"15"。

17．季末支出合计

季末收入合计统计的是从"季初盘点（请填余额）"下一行开始，到此栏上一行结束的"2 季"区间内，所有负数金额的合计数。计算今年第 2 季度的季末支出合计=原材料入库+新建生产线+开始下一批生产+产品研发投资+支付管理费及其他=-3M-5M-4M-2M-1M=-15M，故此处应填写"-15"。

18．季末数额对账

季末数额对账=季初盘点（请填余额）+季末收入合计-季末支出合计=20M+15M-15M=20M，故此处应填写"20"。

（三）第 3 季度

1．季初盘点（请填余额）

第 3 季度初的现金余额=第 2 季度末的"季末数额对账"=20M，故此处应填写"20"。

2．更新短期贷款/短期贷款还本付息

由于公司目前不存在短期负债，因此无须更新短期贷款或短期贷款还本付息，故此处应填写"×"。

3．申请短期贷款

此处应填写"×"，详情请参见"第 1 季度"的对应解析。

4．原材料入库/更新原料订单（金额）

根据题目可知，公司第 3 季度入库的原材料金额，应根据公司运营流程表中"2 季"的"下原料订单"数据"R1 （2） R2 （2） R3 ___ R4 ___"填列。计算此处应支付的材料款=2M+2M=4M，故此处应填写"-4"。

入库明细数量：R1 __2__ R2 __2__ R3____ R4____。同时填写物流推演表中，第 3 季度 R1 入库 2 个、R2 入库 2 个。

5．更新生产/完工入库

此处应先填写物流推演表中的第 3 季度数据：1 条手工线上的 P1 转入 2Q 阶段，2 条半自动线上的 P2 均转入 2Q 阶段，1 条全自动线上的 P2 完工入库。第 3 季度共计：P1 完工入库 0 个、P2 完工入库 1 个，如表 B-5 的所示。

表 B-5　第 3 季度末的部分物流推演表

单位：个

第 3 季度	R1	R2		手工	半自动	半自动	全自动	P1	P2
入库	2	2	3Q					0	1
出库	1	1	2Q	P1	P2	P2		0	0
结存	2	2	1Q				P2	0	1

通过动态更新物流推演表可知，此处更新生产/完工入库栏应填写"√"，下一行的完工明细数量应填"P1__0__ P2__1__ P3_____ P4_____"。

6. 新建/在建/转产/变卖生产线

由题目中"本年第 2 季度开始新建一条柔性生产线。"可知，现在是第 3 季度，继续安装柔性线，此处应填写"-5"。

7. 开始下一批生产（金额）

今年使用中的生产线共有 4 条，第 3 季度更新生产/完工入库后，只有 1 条全自动线暂时处于空闲状态，可以开始下一批生产。因此第 3 季度开始下一批生产时，开始下一批生产（金额）栏应填写"-1"，投产明细数量应填"P1__0__ P2__1__ P3_____ P4_____"。

此时学生需要同步填写物流推演表。在表 B-5 中，继续填写第 3 季度 R1 出库 1 个、R2 出库 1 个，然后在全自动线的 1Q 阶段，填写"P2"。

接下来计算并填列第 3 季度末原料库和成品库的结存数量。第 3 季度末：R1 结存=第 2 季度末结存+入库-出库=1+2-1=2；R2 结存=第 2 季度末结存+入库-出库=1+2-1=2，如表 B-5 所示。

8. 更新应收款/应收款收现

由"2 季"的"更新应收款/应收款收现"下一行的"应收款期末余额账期分布"的"1Q__20__ 2Q__10__"可知，"3 季"的"更新应收款/应收款收现"栏应填写"20"，以及下一行的"应收款期末余额账期分布"应为"1Q__10__ 2Q__0__"。

9. 按订单交货

由表 B-5 物流推演表可知，此时成品库中，有 P1 产品 0 个，P2 产品 1 个。订单登记表中只有一个订单未交货，但本期无法交货，故此处应填写"×"。同时还须填写物流推演表：第 3 季度的 P1 出库 0 个、P2 出库 0 个，计算并填列第 3 季度末 P1 结存 0 个、P2 结存 1 个，如表 B-5 的所示。

10. 产品研发投资

此处应填写"-2"，详情请参见"第 1 季度"的对应解析。

11. 支付管理费及其他

此处应填写"-1",详情请参见"第 1 季度"的对应解析。

12. 季末收入合计

季末收入合计统计的是从"季初盘点(请填余额)"下一行开始,到此栏上一行结束的"3季"区间内所有正数金额的合计数。由于公司运营流程表中,今年第 3 季度的对应区域只有一个正数(应收款变现的 20M),故此处应填写"20"。

13. 季末支出合计

季末收入合计统计的是从"季初盘点(请填余额)"下一行开始,到此栏上一行结束的"3季"区间内,所有负数金额的合计数。计算今年第 3 季度的季末支出合计=原材料入库+新建生产线+开始下一批生产+产品研发投资+支付管理费及其他=-4M-5M-1M-2M-1M=-13M,故此处应填写"-13"。

14. 季末数额对账

季末数额对账=季初盘点(请填余额)+季末收入合计-季末支出合计=20M+20M-13M=27M,故此处应填写"27"。

(四)第 4 季度

1. 季初盘点(请填余额)

第 4 季度初的现金余额=第 3 季度末的"季末数额对账"=27M,故此处应填写"27"。

2. 更新短期贷款/短期贷款还本付息

由于公司目前不存在短期负债,因此无须更新短期贷款或短期贷款还本付息,故此处应填写"×"。

3. 申请短期贷款

此处应填写"×",详情请参见"第 1 季度"的对应解析。

4. 原材料入库/更新原料订单(金额)

根据题目可知,公司第 4 季度入库的原材料金额,应根据公司运营流程表中"3 季"的"下原料订单"数据"R1_(2)_ R2_(2)_ R3____ R4____"填列。计算此处应支付的材料款=2M+2M=4M,故此处应填写"-4"。

入库明细数量:R1 _2_ R2 _2_ R3____ R4____。同时填写物流推演表中,第 3 季度 R1 入库 2 个、R2 入库 2 个。

5. 更新生产/完工入库

此处应先填写物流推演表中的第 4 季度数据：1 条手工线上的 P1 转入 3Q 阶段，2 条半自动线上的 P2 均完工入库，1 条全自动线上的 P2 完工入库。第 4 季度共计：P1 完工入库 0 个、P2 完工入库 3 个，如表 B-6 的所示。

表 B-6 第 4 季度末的部分物流推演表

单位：个

第 4 季度	R1	R2		手工	半自动	半自动	全自动	P1	P2
入库	2	2	3Q	P1				0	4
出库	3	3	2Q					0	3
结存	1	1	1Q		P2	P2	P2	0	1

通过动态更新物流推演表可知，此处更新生产/完工入库栏应填写"√"，下一行的完工明细数量应填"P1__0__P2__3__P3____P4____"。

6. 新建/在建/转产/变卖生产线

由题目中"本年第 2 季度开始新建一条柔性生产线。"可知，现在是第 4 季度，继续安装柔性线，故此处应填写"-5"。

7. 开始下一批生产（金额）

今年使用中的生产线共有 4 条，第 4 季度更新生产/完工入库后，只有 1 条手工线上有在产品，其他 3 条生产线均暂时处于空闲状态，可以开始下一批生产。因此第 4 季度的开始下一批生产（金额）栏应填写"-3"，投产明细数量应填"P1__0__P2__3__P3____P4____"。

此时学生需要同步填写物流推演表。表 B-6 中，继续填上第 3 季度 R1 出库 3 个、R2 出库 3 个，然后在除了手工线的 3 条生产线的 1Q 阶段，均填写"P2"。

接下来计算并填列第 4 季度末原料库和成品库的结存数量。第 4 季度末：R1 结存=第 3 季度末结存+入库-出库=2+2-3=1；R2 结存=第 3 季度末结存+入库-出库=2+2-3=1，如表 B-6 所示。

8. 更新应收款/应收款收现

由"3 季"的"更新应收款/应收款收现"下一行的"应收款期末余额账期分布"的"1Q__10__2Q__0__"可知，"4 季"的"更新应收款/应收款收现"栏应填"10"，以及下一行的"应收款期末余额账期分布"暂时应为"1Q__0__2Q__0__"，因为第 4 季度按订单交货后，应收账款还会更新。

9. 按订单交货

由表 B-6 物流推演表可知，此时成品库中有 P1 产品 0 个、P2 产品 4 个。订单登记表中只有一个订单 2 未交货，本期可以交货，故此处应填写"√"。同时还须填写物流推演表：第 3 季度的 P1 出库 0 个、P2 出库 3 个，计算并填列第 4 季度末 P1 结存 0 个、P2 结存 1 个，如表 B-6 所示。

第 4 季度按订单 2 交货后，还要更新应收款的余额和账期分布。订单 2 交货，公司得到了 2Q-14M，故年末应收账款最终余额为 14，账期分布为"1Q__0__ 2Q__14__ 3Q____ 4Q____"。

10．产品研发投资

此处应填写"-2"，详情请参见"第 1 季度"的对应解析。

11．支付管理费及其他

此处应填写"-1"，详情请参见"第 1 季度"的对应解析。

12．新市场开拓

由题目中"二、本期业务和决策"中的"1. 市场决策"中的"（3）本年拟开发国内市场"，再结合国内市场的开发规则：需开发 2 年，每年末投资 1M，故此处应填写"-1"。

13．ISO 资格投资

由于题目中"二、本期业务和决策"中的"2. 生产决策"中的"（2）本年不做 ISO9000 和 ISO14000 认证投资"，故此处应填写"×"。

14．应收款贴现（随时）

从此时的公司运营流程表中已填数据可知，公司此时现金足够，不需要应收款贴现，故此处应填写"×"。

15．缴纳违约订单罚款

从题目的订单登记表中可知，今年的 3 个订单已经全部履约交货，不存在违约订单，因此也不需要缴纳违约订单罚款，故此处应填写"×"。

16．支付设备维护费

根据规则，年末每条使用中的生产线，均须现金缴纳 1M 的设备维护费，包括处于空闲状态的生产线，但不包括在建中的生产线。本年末公司共有 4 条生产在用，故此处应填写"-4"。

17．季末收入合计

季末收入合计统计的是从"季初盘点（请填余额）"下一行开始，到此栏上一行结束的"4 季"区间内所有正数金额的合计数。由于公司运营流程表中，今年第 4 季度的对应区域只有一个正数（应收款变现的 10M），故此处应填写"10"。

18．季末支出合计

季末收入合计统计的是从"季初盘点（请填余额）"下一行开始，到此栏上一行结束的"4 季"区间内所有负数金额的合计数。计算今年第 4 季度的季末支出合计=原材料入库+新建生产线+开始下一批生产+产品研发投资+支付管理费及其他+新市场开拓+设备维护费=

−4M−5M−3M−2M−1M−1M−4M=−20M，故此处应填写"−20"。

19. 季末数额对账

季末数额对账=季初盘点（请填余额）+季末收入合计−季末支出合计=27M+10M−20M=17M，故此处应填写"17"。

20. 计提折旧

根据规则，折旧每年末计提一次，在建中的生产线不计提折旧，已经提足折旧的生产线不再计提折旧。首先计算今年末各条生产线应计提的折旧额。

1条手工线：净值为2M，残值为1M，净值>残值，今年应计提的折旧额为1M。

2条半自动线：每条净值为2M，残值为2M，净值=残值，今年均不计提折旧。

1条全自动线：净值为15M，残值为3M，净值>残值，今年应计提的折旧额为3M。

故今年末的应计提的折旧额合计为1M+3M=4M，对应在公司运营流程表中应填写"4"，填写完毕的公司运营流程表如表B-7所示。

表B-7 公司运营流程表——答案

单位：百万元

序号	手工操作流程	1季	2季	3季	4季
1	广告投放	−6			
2	支付应付税	−1			
3	支付长贷利息	−4			
4	更新长期贷款/长期贷款还款	√			
5	申请长期贷款	20			
6	季初盘点（请填余额）	29	20	20	27
7	更新短期贷款/短期贷款还本付息	×	×	×	×
8	申请短期贷款	×	×	×	×
9	原材料入库/更新原料订单（金额）	−5	−3	−4	−4
9	入库明细数量	R1_2_ R2_3_ R3___ R4__	R1_1_ R2_2_ R3___ R4__	R1_2_ R2_2_ R3___ R4__	R1_2_ R2_2_ R3___ R4__
10	下原料订单（明细数量）	R1_(1)_ R2_(2)_ R3___ R4__	R1_(3)_ R2_(2)_ R3___ R4__	R1_(2)_ R2_(2)_ R3___ R4__	R1_(2)_ R2_(1)_ R3___ R4__
11	购买（租用）厂房	×	×	×	×
12	更新生产/完工入库	√	√	√	√
12	完工明细数量	P1_0_ P2_1_ P3___ P4__	P1_1_ P2_3_ P3___ P4__	P1_0_ P2_1_ P3___ P4__	P1_0_ P2_3_ P3___ P4__
13	新建/在建/转产/变卖生产线	×	−5	−5	−5
14	开始下一批生产（金额）	−1	−4	−1	−3
14	投产明细数量	P1_0_ P2_1_ P3___ P4__	P1_1_ P2_3_ P3___ P4__	P1_9_ P2_1_ P3___ P4__	P1_9_ P2_3_ P3___ P4__

续表

序　号	手工操作流程	1 季	2 季	3 季	4 季
15	更新应收款/应收款收现	√	15	20	10
	应收款期末余额账期分布	1Q 15	1Q 20　2Q 10	1Q 10　2Q 0	1Q 0　2Q 14 3Q___ 4Q___
16	按订单交货	×	√1，√3	×	√2
17	厂房出售（自动转租）	×	×	×	×
18	产品研发投资	−2	−2	−2	−2
19	支付管理费及其他	−1	−1	−1	−1
20	新市场开拓	//////	//////	//////	−1
21	ISO 资格投资	//////	//////	//////	×
22	出售库存/企业间交易	×	×	×	×
23	应收款贴现（随时）	×	×	×	×
24	缴纳违约订单罚款	×	×	×	×
25	支付设备维护费	//////	//////	//////	−4
26	季末收入合计	0	15	20	10
27	季末支出合计	−9	−15	−13	−20
28	季末数额对账	20	20	27	17
29	计提折旧	//////	//////	//////	（4）

二、订单登记表

学生须在题目中的订单登记表中填写各成本数据、销售额合计及成本合计。订单 1 的成本=单位成本×数量=2M×3=6M，订单 2 的成本=单位成本×数量=3M×3=9M，订单 3 的成本=单位成本×数量=3M×4=12M，故成本合计=6M+9M+12M=27M，销售额合计=10M+14M+20M=44M，填写完毕的订单登记表如表 B-8 所示。

表 B-8　复习题 1 的订单登记表——答案

单位：百万元

订单号	1	2	3	合计
市场	本地	区域	区域	
产品	P1	P2	P2	
数量	3	3	4	
账期	2	2	1	
销售额	10	14	20	44
成本	6	9	12	27

三、综合管理费用明细表

在无纸化考试中,综合管理费用明细表的填制主要根据填写完毕的流程表数据填列。与公司运营流程表不同的是,综合管理费明细表中各项费用都不用写负号,直接写金额即可。

在今年末的综合管理费用明细表中,管理费=4个季度支付的管理费之和=4M,广告费=公司运营流程表中"1季"的"广告投放"金额=6M,维护费=今年末支付的设备维护费=4M,租金=租入厂房的租金=0M,市场准入开拓=今年开拓"国内"市场的支出=1M,ISO资格认证=0M,产品研发=2+2+2+2=8M,其他=支付管理费及其他中的其他金额=0M,合计=4M+6M+4M+0M+1M+0M+8M+0M=23M。填写完毕的综合费用明细表如表B-9所示。

表B-9 综合管理费用明细表——答案

单位:百万元

项 目	金 额	备 注
管理费	4	
广告费	6	
维护费	4	
租 金	0	
市场准入开拓	1	□区域 ☑国内 □亚洲 □国际
ISO资格认证	0	□ISO9000 □ISO14000
产品研发	8	P2(0) P3(4) P4(4)
其他	0	
合 计	23	

四、利润表

利润表也主要根据填写完毕的公司运营流程表中的数据填列。利润表中的"本年数"计算如下。

销售收入=已经交付的3个订单的销售额的合计数=44M,直接成本=全部已售产品的成本的合计数=27M,毛利=销售收入-直接成本=44M-27M=17M,综合费用=今年末综合费用明细表中的合计=23M,折旧前利润=毛利-综合费用=17M-23M=-6M,折旧=4M,支付利息前利润=折旧前利润-折旧=-6M-4M=-10M,财务收入/支出=长贷利息+短贷利息+贴息=4M+0M+0M=4M,其他收入/支出=违约订单罚款等=0M,税前利润=支付利息前利润-财务收入/支出-其他收入/支出=-10M-4M+0M=-14M,所得税=0M(当税前利润<0时,不交所得税),净利润=税前利润-所得税=-14M-0M=-14M,填写完毕的利润表如表B-10所示。

表 B-10 利润表——答案

单位：百万元

项目		上年数	本年数
销售收入	+	35	44
直接成本	-	12	27
毛利	=	23	17
综合费用	-	11	23
折旧前利润	=	12	-6
折旧	-	4	4
支付利息前利润	=	8	-10
财务收入/支出	-	4	4
其他收入/支出	-	0	0
税前利润	=	4	-14
所得税	+/-	1	0
净利润	=	3	-14

五、资产负债表

资产负债表中的"期末"金额，填列如下。

1. 流动资产

现金=公司运营流程表中"4 季"的"季末数额对账"=17M。

应收款=公司运营流程表中"4 季"的"按订单交货"后，最终的应收款余额=14M。

在制品=物流推演表中第 4 季度的生产线上在产品的金额合计数=手工线的在产品+半自动线的在产品+全自动线的在产品=2 个+3×2 个+3 个=11 个。

成品=物流推演表中第 4 季度末成品库中结存的 P1 和 P2 的金额合计数=2×0 个+3×1 个=3 个。

原料=R1 原料+R2 原料=1+1=2。

流动资产合计=17M+14M+11M+3M+2M=47M。

2. 固定资产

土地与建筑=期初的大厂房价值=40M（不变，今年厂房不租不售）。

机器与设备=期初的-折旧+新增的固定资产=2M-4M+0M=17M。

在建工程=5M+5M+5M=15M。

固定资产合计=40M+17M+15M=72M。

3. 资产总计

资产总计=流动资产合计+固定资产合计=47M+72M=119M。

4. 负债

长期负债=年初更新后的长期负债+年初新申请的产期负债=40（FY4）M+20（FY3）M=60M。

短期负债=0M（业务决策中指明）。

应付账款=0M（今年均以现金支付）。

应交税费=利润表中的所得税的本年数=0M。

一年内到期的长期负债=0M。

负债合计=60M+0M+0M+0M+0M=60M。

5. 所有者权益

股东资本=50M（不变）。

利润留存=年初的利润留存+年初的年度净利=20M+3M=23M。

年度净利=利润表中的净利润的本年数=-14M。

所有者权益合计=股东资本+利润留存+年度净利=50M+23M-14M=59M。

6. 权益总计

权益总计=负债+所有者权益合计=60M+59M=119M。

填写完毕的资产负债表如表 B-11 所示。

表 B-11 资产负债表——答案

单位：百万元

资产		期初数	期末数	负债和所有者权益		期初数	期末数
流动资产	现金	20	17	负债	长期负债	40	60
	应收款	15	14		短期负债		0
	在制品	11	11		应付账款		0
	成品	4	3		应交税费	1	0
	原料	3	2		一年内到期的长期负债		0
流动资产合计		53	47	负债合计		41	60
固定资产	土地和建筑	40	40	所有者权益	股东资本	50	50
	机器与设备	21	17		利润留存	20	23
	在建工程		15		年度净利	3	-14
固定资产合计		61	72	所有者权益合计		73	59
资产总计		114	119	负债和所有者权益总计		114	119

六、期末状态表

期末状态表主要用来描述年末公司所拥有的各项资源的实际数量，经营租入的资源（如小厂房）不是公司拥有或控制的，不能填写"1"。公司年末拥有的各项资源数量如下：大厂房=1，小厂房=0，手工线=1，半自动=2，全自动=1，柔性线=0（在建工程不算），P1资格=1，P2资格=1，P3资格=0，P4资格=0，本地市场=1，区域市场=1，国内市场=0（未开发完成），亚洲市场=0，国际市场=0，ISO9000=0，ISO14000=0。填写完毕的期末状态表如表B-12所示。

表B-12 期末状态表——答案

期末状态表 （第2年） 单位：个/条

项 目	数 量	项 目	数 量
大厂房	1	本地市场	1
小厂房	0	区域市场	1
手工线	1	国内市场	0
半自动	2	亚洲市场	0
全自动	1	国际市场	0
柔性线	0	ISO9000	0
P1资格	1	ISO14000	0
P2资格	1		
P3资格	0		
P4资格	0		

七、问答题

（1）根据期末报表计算本年度期末财务指标。（百分比形式，保留两位小数位，四舍五入）

答：资产负债率=负债合计的期末数/资产总计的期末数=60/119= 50.42%。

毛利率=利润表中毛利的本年数/销售收入的本年数=17/44= 38.64%。

（2）如果该企业本期发生借款，最多能新增贷款（86）M，并说明原因。

答：因为，公司本年新增贷款额+已经存在的贷款额≤公司上年末所有者权益的2倍。所以，公司本年新增贷款额≤73M×2-60M=86M。

（3）如果本年年初做贴现，能贴到现金（14）M，贴息（1）M。

答：公司本年初的应收款为2Q-15M，第2季度应收账款的年贴现利息率=10%，故该笔应收款贴现的贴息=15×10%/2=0.75 向上取整为1，实际能得到的现金=应收款余额-贴息=15M-1M=14M。

（4）分析本年该企业的决策，提出管理建议。（加分题，5分）

答：根据本年度的财务报表数据可以看出，今年产品销售的毛利率较低，企业的盈利能力较弱，加上固定资产投资支出较多，导致年末净利润为负，企业经营亏损。建议企业适当减少固定资产投入，提高产品营销能力，根据市场预测结果，开发毛利率更高的新产品。

附录 C

物流推演表

可以通过填写如表 C-1 所示的物流推演表，直观地跟踪和描述复习题中从原材料采购到在制品生产，最后到产成品销售的完整物流数据的变化过程。

表 C-1 空白的物流推演表

单位：个

年初	R₁	R₂	工序	手工线	半自动	半自动	全自动	P1	P2
			3Q						
			2Q						
			1Q						
1 季度									
入库			3Q						
出库			2Q						
结存			1Q						
2 季度									
入库			3Q						
出库			2Q						
结存			1Q						
3 季度									
入库			3Q						
出库			2Q						
结存			1Q						
4 季度									
入库			3Q						
出库			2Q						
结存			1Q						

附录 D

物流推演表答案

说明：由于公司本年度只生产 P1 和 P2 产品，根据产品物料清单，本年度只需要采购 R1 和 R2 两种原材料即可。填写完成的物流推演表如表 D-1 所示。

表 D-1 物流推演表答案

单位：个

年初	R1	R2	工序	手工线	半自动	半自动	全自动	P1	P2
	3	0	3Q					2	0
			2Q	P_1					
			1Q		P_2	P_2	P_2		
1 季度									
入库	2	3	3Q	P_1				0	1
出库	1	1	2Q		P_2	P_2		0	0
结存	4	2	1Q				P_2	2	1
2 季度									
入库	1	2	3Q					1	3
出库	4	3	2Q					3	4
结存	1	1	1Q	P_1	P_2	P_2	P_2	0	0
3 季度									
入库	2	2	3Q					0	1
出库	1	1	2Q	P_1	P_2	P_2		0	0
结存	2	2	1Q				P_2	0	1
4 季度									
入库	2	2	3Q	P_1				0	3
出库	3	3	2Q					0	3
结存	1	1	1Q		P_2	P_2	P_2	0	1

反侵权盗版声明

电子工业出版社依法对本作品享有专有出版权。任何未经权利人书面许可，复制、销售或通过信息网络传播本作品的行为，歪曲、篡改、剽窃本作品的行为，均违反《中华人民共和国著作权法》，其行为人应承担相应的民事责任和行政责任，构成犯罪的，将被依法追究刑事责任。

为了维护市场秩序，保护权利人的合法权益，我社将依法查处和打击侵权盗版的单位和个人。欢迎社会各界人士积极举报侵权盗版行为，本社将奖励举报有功人员，并保证举报人的信息不被泄露。

举报电话：（010）88254396；（010）88258888
传　　真：（010）88254397
E-mail：　dbqq@phei.com.cn
通信地址：北京市海淀区万寿路 173 信箱
　　　　　电子工业出版社总编办公室
邮　　编：100036